OTROS
EVANGELIOS

Pablo Hoff

DEDICADOS A LA EXCELENCIA

ISBN: 0-8297-1904-0

Categoría: Religiones / Sectas / Ocultismo

©1993 por Editorial Vida
Miami, Fl

Cubierta diseñada por: Libni Cáceres

Impreso en Estados Unidos de América
Printed in the United States of America

02 03 04 05 ❖ 10 9 8 7 6

ÍNDICE

PRÓLOGO

Nos vemos rodeados de cantidades enormes de propagadores de toda clase de teoría filosófica y doctrina religiosa extrabíblica. Muchas ideas penetran nuestro mundo sin que nos demos cuenta, como por ejemplo las de la Nueva Era. Varios de estos agentes son muy visibles en la calle pero no nos molestamos para investigar sus ideas y menos, su origen.

Qué satisfacción se recibe, por lo tanto, leyendo el manuscrito de la pluma de Pablo Hoff, *Otros evangelios*. Con cuidado este siervo de Dios presenta la historia de muchas de las sectas que nos ayudará a comprender mejor sus creencias erróneas tanto como la formación de los que las practican. En especial la explicación de pensamientos recién llegados al ambiente latinoamericano, como el hinduismo y la Nueva Era será recibida con mucha gratitud de parte de los que luchan por la sana doctrina. El capítulo que examina la Iglesia Católica Romana vale mucho ya que ahora contamos con multitudes de la segunda y tercera generación, hijos de ex-católicos, los cuales nunca asistieron a misa ni recibieron enseñanza en la iglesia romana. Ignoran demasiado sus ideas y costumbres y les hace falta familiarizarse con el trasfondo católico romano para evangelizar a los católicos con mayor eficacia.

Esta obra no es una traducción de lo que fue dirigido a otro pueblo con cultura ajena a la latina. Nació en América Latina y se dirige a nuestro pueblo. Pablo Hoff lleva muchísimos años enseñando en nuestro mundo. Sus libros gozan de amplia circulación: *El Pentateuco*, *Los libros históricos*, *Se hizo hombre* y *El pastor como consejero*, todos publicados por Editorial Vida. En nombre del mundo de habla hispana, felicito a mi amigo por haber escalado otra cumbre con esta nueva obra. Muchas gracias, hermano. Que vayas subiendo nuevas alturas.

—Floyd Woodworth W.

PRIMERA PARTE

INTRODUCCIÓN

Jesucristo advierte que debemos guardarnos de falsos profetas "con vestidos de ovejas", pero que por dentro son "lobos rapaces". Escribiendo a los gálatas, el apóstol Pablo habla de "otros evangelios" que tergiversan lo auténtico y siembran confusión entre los creyentes (1:6-9). Según el apóstol Pedro, debemos estar "siempre preparados para presentar defensa . . . ante todo el que demande razón de la esperanza que hay en nosotros" (1 Pedro 3:15). Nos conviene identificar a los enemigos de la fe y saber tanto sus doctrinas como las respuestas evangélicas a éstas.

Capítulo 1

¿QUÉ ES UNA SECTA FALSA?

Algunos titulares de los periódicos, tales como "Preocupación de la Iglesia por proliferación de sectas" nos llaman la atención y nos llevan a reflexionar. Junto con el desarrollo del evangelio se ha producido un crecimiento asombroso de sectas semicristianas, religiones orientales y hasta cultos abiertamente satánicos. Por ejemplo, los mormones han crecido de treinta miembros en 1830 a más de cuatro millones en 1978 y se calcula que llegarán a tener más de 8.000.000 de adeptos para el fin de este siglo.[1]

El propósito de este estudio es aprender, tanto las características y doctrinas principales de las sectas falsas como las de algunos grupos cristianos, cuyas enseñanzas difieren de las que son sostenidas por los evangélicos. Intenta señalar las diferencias entre sus doctrinas y las doctrinas evangélicas, contestar sus argumentos y ganarlos para Cristo. Se limita el estudio a las sectas que se activan en proselitar en América Latina y a los movimientos que predican "otro evangelio".

Este libro está dividido en dos partes: la primera se trata de las sectas falsas y la segunda de grupos cristianos que sostienen ciertas doctrinas que no armonizan con la enseñanza evangélica. Por ejemplo, los adventistas se encuentran en la segunda sección, pues son creyentes verdaderos pero se desvían con respecto a ciertas doctrinas evangélicas.

A. CARACTERÍSTICAS DE LAS SECTAS FALSAS

¿Qué es una secta falsa? Según Josh Mc Dowell y Don Stewart, "es una perversión, una deformación del cristianismo. Como tal, rechaza las enseñanzas que la iglesia cristiana ha sostenido a través de la historia."[2] Se reconoce al cristianismo como una religión basada en la Biblia y a los cristianos como "el pueblo del Libro". Las sectas falsas, por regla general, aceptan algunas enseñanzas bíblicas, rechazan otras y añaden nuevas doctrinas. Predican "otro evangelio", torciendo la verdad "para su propia perdición" (2 P. 3:16).

Otra característica que identifica a un grupo como una secta falsa es que se compone de personas que siguen ciegamente a un innovador de doctrinas e ideas. En algunos casos, como el de Jim Jones (el cual llevó a la muerte a más de 800 personas en Guyana), el líder controla casi todos los pormenores de la vida de sus seguidores. Estos piensan que él tiene una relación tan especial con Dios que es pecado no permitirle dictar la teología y conducta de la secta. Llegan a ser muy dependientes de él o de su doctrina referente a las decisiones de la vida.

En general, las características de las sectas falsas son las siguientes:[3]

1. *Son fundadas por hombres que proclaman una "nueva verdad".* José Smith, que dio a luz al mormonismo, aseveró que Dios le había revelado que durante dieciocho siglos el cristianismo se quedó en la apostasía y que por medio de la nueva revelación dada a él, se podía restaurar la iglesia. Carlos Russell "descubrió" las nuevas verdades de los testigos de Jehová, y Mary Baker Eddy las de la Ciencia Cristiana. El coreano Sun Myung Moon, afirma que Cristo no cumplió plenamente su misión y ahora es el momento para completar su obra en la tierra. La revelación de estos innovadores religiosos suele ser una "verdad" que nunca ha sido revelada y contradice llanamente las revelaciones anteriores.

2. *Reinterpretan la Biblia para que ésta esté de acuerdo con sus nuevas enseñanzas.* Mary Baker Eddy, fundadora de la iglesia de la Ciencia Cristiana, encontró una manera de interpretar la Biblia con la cual podía negar casi todas las doctrinas ortodoxas. Los testigos de Jehová no sólo malinterpretan las Escrituras, sino que también

han preparado su propia Biblia, traduciéndola de tal manera que ésta confirme sus errores. Los mormones dicen: "Creemos que la Biblia es la Palabra de Dios, siempre que se traduzca correctamente."[4]

3. *Ponen demasiado énfasis en algunas doctrinas bíblicas y pasan por alto otras o las rechazan.* Dice J. Cabral: "En muchos casos la herejía se caracteriza por el hecho de 'escoger' una doctrina para descargar en ella toda su atención en detrimento de las otras doctrinas."[5] Por ejemplo, los testigos de Jehová recalcan el amor de Dios, pero rechazan su ira y justicia. Así que niegan la doctrina del castigo eterno.

Las corrientes teológicas heréticas hacen lo mismo. Los liberales afirman la humanidad de Cristo, pero abandonan su divinidad; promulgan la justicia social y pasan por alto la moralidad personal. Al igual que los liberales, los teólogos liberacionalistas se preocupan por el cuerpo humano, pero se olvidan de su espíritu.

4. *Introducen fuentes de autoridad ajenas a la Biblia.* Algunas sectas heréticas tienen sus escritos autoritarios que se ponen por encima de la Biblia. Por ejemplo, José Smith afirma que encontró tablas sobre las cuales fue escrito el contenido de *El libro de Mormón.* También supuestamente encontró el manuscrito de *La perla de gran precio* y escribió *Doctrinas y convenios.* Junto con la Biblia, éstos constituyen sus principales fuentes de doctrina.

La mayoría de las sectas falsas aceptan los libros de doctrina escritos por sus fundadores como la fuente máxima de autoridad. Por ejemplo, los testigos de Jehová basan principalmente sus doctrinas sobre las interpretaciones de la Biblia hechas por Carlos Russell y el Juez Rutherford; los de la Ciencia Cristiana sobre el libro de Eddy, *Ciencia y Salud.* La Iglesia de la Unificación del coreano Moon, considera que la Biblia está incompleta y se necesita leer el libro *Principio divino,* del reverendo Moon, para llegar a la plena verdad.

5. *Rechazan las doctrinas bíblicas de la Trinidad y la deidad de Jesucristo.* Los testigos de Jehová son unitarios negando la deidad de Cristo y la personalidad del Espíritu Santo. Para ellos, Jesús es meramente una criatura creada por Dios y el Espíritu Santo una fuerza impersonal y divina. Los mormones afirman que creen en

la Trinidad, pero para ellos, Jesús es sólo uno de muchos dioses que existen o van a existir. Fue concebido mediante una unión sexual entre el Padre y una madre celestial. Las teologías heréticas, tales como el modernismo, suelen considerar que Jesús era un gran maestro pero no un ser eterno.

6. *Cambian de tiempo en tiempo sus doctrinas y prácticas.* Los mormones en 1978 hicieron una nueva declaración, permitiendo que las personas de color pudieran ser iniciadas en los ritos secretos y gozar de los privilegios de los mormones, algo que era prohibido anteriormente por los profetas mormones. También que ya no es necesario practicar la poligamia. Los testigos de Jehová han cambiado algunas veces la fecha de la segunda venida de Cristo. El modernismo se halla en continuo cambio de doctrina y carece de un fundamento firme sobre el cual se basen sus conceptos.

7. *Enseñan la salvación por obras.* Para las sectas no basta creer en Cristo a fin de ser salvos; es necesario también cumplir sus rituales, seguir las indicaciones de sus líderes y, por lo general, trabajar por la organización. Los testigos de Jehová, por ejemplo, enseñan que la muerte de Jesús es eficaz solamente para la remisión de los pecados cometidos antes de la conversión. Así niegan la verdad: "Por gracia sois salvos por medio de la fe . . . no por obras, para que nadie se gloríe" (Ef. 2:8).

8. *Algunas emplean engaño en sus actividades proselitistas.* Sectas como los testigos de Jehová y los mormones, incesantemente recorren mar y tierra para hacer prosélitos, visitando casa por casa. Sus proselitistas están bien preparados para su misión, conociendo perfectamente sus argumentos. Dan respuestas certeras a las preguntas de sus oyentes. No vacilan en difrazarse como evangélicos. Sutilmente buscan terreno común al comenzar su conversación con la gente y no exponen sus doctrinas chocantes hasta que la persona evangelizada haya sido plenamente convencida.

B. LOS RASGOS SICOLÓGICOS DE LAS SECTAS FALSAS

Es importante conocer los factores sicológicos de las sectas, los cuales desempeñan un papel preponderante en su formación y desarrollo. Puesto que existen diferencias en la infraestructura de creencias de las distintas sectas falsas, conviene que limitemos la descripción principalmente a ciertos grupos, tales como los testigos de Jehová y los mormones, los cuales caen en más o menos la misma categoría.[6]

1. La infraestructura de creencia de las sectas falsas se caracteriza por *la mente cerrada.* Los adeptos aceptan las doctrinas de la organización sin analizarlas ni cuestionarlas, no obstante cuán irrazonables sean. Los líderes interpretan las ideas tomando como su fuente la Biblia o las enseñanzas del fundador. Para sus seguidores, la autoridad absoluta se encuentra en ellas. Paulatinamente, se efectúa una forma de lavado de cerebro, en que las ideas son grabadas en la mente del adepto.

2. La infraestructura de creencia de la típica secta falsa produce el *dogmatismo* e *intolerancia* hacia todos los otros sistemas religiosos. Casi todas las sectas falsas proclaman que su fe particular es el único camino al cielo. Las otras son falsos profetas.

Por regla general, el fundador asevera que ha recibido una revelación sobrenatural y ésta se ubica por encima de la Biblia. Puesto que él es el mensajero de Dios tiene una autoridad absoluta. Sus adeptos tienen una gran fe en sus enseñanzas. En los casos de los mormones y los testigos de Jehová, las aprenden bien. Gozan de gran seguridad y piensan que tienen todas las respuestas. Esta actitud atrae a mucha gente que tiene dudas y se siente insegura. Quieren tener creencias certeras y aceptan respuestas fáciles.

Un escritor popular describe cómo una joven fue convertida a una secta falsa. "Yo quería ser enfermera, pero no estaba segura. Creía que el cristianismo significaba mucho para mí, pero tampoco estaba segura. Me imagino que en realidad buscaba con desesperación alguien que tuviera respuestas precisas; alguien que estuviera seguro acerca de las cosas y me transmitiera esa seguridad." Pronto entró en una secta que le proporcionaba todas las respuestas. Ella explica: "Acudía continuamente a ellos y les hacía preguntas; ellos sabían las respuestas; las sabían de verdad."[7]

Puesto que el adepto de una secta falsa está convencido plenamente de que su grupo es el único dueño de la verdad, considera que todas las demás religiones son enemigas de Dios y son las contrincantes de su organización. Por ejemplo, la literatura de los testigos de Jehová ataca al cristianismo y siembra el odio hacia los cristianos. Se lee en la revista *Atalaya*, diciembre 1951:

> En la cristiandad . . la falsa enseñanza religiosa crea tradiciones y mandatos de los hombres, que son responsables directa e indirectamente de la miseria física y espiritual de los pobres . . . El interés del cristianismo en los pobres es pura hipocresía . . . Sus príncipes . . . se asemejan a lobos rapaces devorando su presa; derraman sangre y destruyen almas a fin de obtener ganancia fraudulenta.
>
> Los que odian a Dios deben ser odiados, pero esto no quiere decir que debemos aprovechar la oportunidad de lastimarlos físicamente, en un espíritu de malicia o despecho, porque tanto la malicia como el despecho son del diablo, mientras, el odio puro no es.
>
> Debemos odiar en el sentido más correcto, es decir, con antipatía extrema y activa, considerándolos repugnantes, odiosos, mugrientos, para detestar.

Este odio se expresa en particular contra los pastores evangélicos y sacerdotes católicos. Al ser rechazados bruscamente o con escarnio, los mormones y los testigos de Jehová se consideran víctimas de la persecución; se aumenta su antagonismo y se afirman en su fe. Si un creyente les trata con respeto y amor sin aceptar sus doctrinas, les deja confusos y más vulnerables al evangelio. No pueden imaginarse que uno les pueda querer y a la vez rechazar su doctrina.

No se gana nada haciendo burla de sus ideas, pero sí se gana mucho mostrando amor cristiano. Sin embargo, no conviene que un creyente poco instruido en la doctrina cristiana, entable una conversación acerca de sus creencias con ellos, pues los mensajeros de "otro" evangelio son muy hábiles para descarriarlo y llevarlo al redil de ellos. Se recomienda que las iglesias evangélicas enseñen doctrina a sus adeptos. La mejor defensa contra la falsa doctrina es un buen conocimiento de la sana.

Por otra parte, es imprescindible que haya un ambiente de amor en la iglesia para que se ganen a los inconversos que están abiertos a la evangelización de las sectas. Una autoridad destacada en la materia de las sectas, Juan Guillermo Prado, observa que no son las doctrinas de éstas las que convencen a la gente. "Lo que hace a nuestro juicio atrayente estas sectas al converso, es la existencia de comunidades cálidas y fraternales. Una tragedia de nuestro tiempo es la soledad. Posteriormente, cuando se encuentra inmerso en el espíritu del movimiento, acepta sus doctrinas."[8]

EJERCICIOS

Llene los espacios o conteste brevemente.

1. Dénse dos propósitos de este estudío.
   a) _____
   b) _____
2. Las sectas falsas aceptan algunas nociones bíblicas pero
   _____ y _____.
3. Por regla general, los adeptos de una secta falsa tienden a seguir _____ de doctrinas.
4. Los fundadores de tales grupos usan mal la Biblia en tres sentidos. Menciónelos.
5. a) En forma especial, atacan las dos doctrinas cristianas de
   _____ y _____.
   b) La salvación, según ellos, es por _____.
6. Mencione tres actitudes típicas de los mormones y los testigos de Jehová.
   a) _____
   b) _____
   c) _____
7. Los _____ se destacan por su odio a todas las otras religiones, y, en especial, hacia los ministros evangélicos y sacerdotes católicos.

CITAS

1. Walter Martin, *The maze of mormonism* (Santa Ana, California: Vision House Publishers, 1980), pág. 16.
2. Josh McDowell y Don Stewart, *Estudio de las sectas* (Deerfield:

Editorial Vida, 1988), pág. 11.
3. Las características descritas en esta sección del estudio son principalmente tomadas del libro citado de Josh McDowell y Don Stewart, *op. cit.*, págs. 15-22.
4. Artículos de fe de la iglesia de los Santos de los Últimos Días, artículo 8 citado en Josh McDowell, *Ibid.*, pág. 16.
5. J. Cabral, *Religiones, sectas y herejías* (Deerfield: Editorial Vida, 1982), pág. 17.
6. Las ideas principales de esta sección se encuentran en Walter Martin, *The kingdom of the cults* (Minneapolis: Bethany House Publishers, 1985), págs. 25-37.
7. Max Gunter, la revista *Todays health*, febrero de 1976, pág. 16, citado por Josh McDowell y Don Stewart, *op. cit.*, pág. 12.
8. Juan Guillermo Prado, *Sectas juveniles en Chile* (Santiago, Chile: Talleres Offset La Nación, 1984), pág. 112.

Capítulo 2

EL MORMONISMO

Seguramente han venido a su puerta dos jóvenes extranjeros, bien vestidos, de tez clara, corteses, que dicen que son de la Iglesia de Jesucristo de los Santos de los Últimos Días. Se presentan como cristianos y citan la Biblia. Ofrecen una religión que supuestamente fue restaurada por Dios y Cristo en persona a José Smith hace unos ciento sesenta años. Son los que se llaman vulgarmente los "mormones".

A. ¿QUIÉNES SON?

La Iglesia de Jesucristo de los Santos de los Últimos Días se destaca en América Latina por su desarrollo asombroso, su actividad proselitista y su programa de construir hermosas capillas en muchos países. Según Walter Martin, experto en el estudio de las sectas falsas, en el año 1985 los mormones tenían 26.000 misioneros en todo el mundo.[1] Esta gran cantidad de misioneros se debe en parte al hecho de que sus líderes animan a lo mejor de su juventud a dedicar dos años de su vida para la obra misionera, la cual es sufragada, en lo posible, por los jóvenes mismos o por sus parientes.

El mormonismo comenzó su obra misionera entre los latinos en el año 1876, entrando en México primero, pero en tres años desapareció debido a la oposición recia de la Iglesia Católica Romana. Hubo otros intentos de proselitar en América Latina en las primeras dos décadas del siglo veinte.

Después de la Segunda Guerra Mundial, sin embargo, se inició en serio su obra misionera en América Central y América del Sur. Establecieron misiones en casi todos los países. En 1977 contaban con alrededor de cinco mil misioneros (la tercera parte eran jóvenes oriundos de los países en donde trabajaban) y unos cincuenta mil adherentes. Hace pocos años, el relacionador público de los mormones en Chile, Antonio Gutiérrez, informó a la prensa que Chile ocupa, dentro de su iglesia, el segundo puesto en cuanto a crecimiento, y se bautizan entre mil quinientos y mil setecientos convertidos mensualmente (ochenta y cinco por ciento de los prosélitos son de otras iglesias). Ya han construido un hermoso templo en Santiago donde bautizan a sustitutos por los muertos, algo que indica que la cantidad de sus fieles en este país supera la cifra de 150.000. Con el traslado del grueso de su fuerza misionera a Argentina, para aprovechar el avivamiento evangélico en ese país, ha mermado considerablemente la tasa de su crecimiento en Chile, pero todavía los mormones constituyen un formidable desafío al cristianismo chileno.

Establecido en 1830, el movimiento mormón consiste de tres organizaciones: La Iglesia de Jesucristo de los Santos de los Últimos Días, con sede en Salt Lake City, Utah; la Iglesia Reorganizada de Jesucristo de los Santos de los Últimos Días, con su sede en Independence, Missouri; y la Iglesia de Cristo del Lote del Templo con sede en Bloomington, Illinois (todas en los Estados Unidos). Este estudio se ocupa primordialmente de la primera, la cual es la más grande. En 1980 había más de cinco millones de mormones, incluso doscientos mil en la Iglesia Reorganizada.

Los mormones se destacan por la sinceridad de su acción, su entrega y una vida moral libre de vicios. Ponen mucho énfasis en la familia. Se ayudan mutuamente. El programa de bienestar social de su iglesia provee para los que están enfermos, sin empleo o han perdido, por fallecimiento, al sustentador de la familia. Durante la gran depresión en los Estados Unidos, en los primeros años de la década de los años treinta, ningún mormón sufrió hambre ni tuvo que recurrir a los centros de bienestar para recibir alimentos. Practican su evangelio de buenas obras y forman una comunidad bien unida.

Uno de los secretos de su éxito es que los miembros practican el diezmar de sus entradas. La iglesia ha invertido mucho de su dinero en empresas industriales en los Estados Unidos. Como resultado, se calcula que sus acciones y bienes raíces valen US$2.000.000.000 (dos mil millones de dólares). En 1975, la Associated Press, organización mundial que recoge noticias para la prensa, calculó que las entradas diarias de la iglesia mormona eran por lo menos de US$3.000.000, con el sesenta por ciento exento de impuestos. No es de extrañar que hayan traído en las décadas de los años setenta y ochenta, US$80.000.000 para comprar propiedades y construir capillas en Chile.[2]

Los mormones ponen mucho énfasis en la educación. Tienen una matrícula de más de 320.000 personas en sus escuelas medias, institutos, seminarios y universidades. También auspician deportes, música, drama, cursos para novias y bailes para los jóvenes. Antes de comenzar un baile, siempre oran pidiendo la bendición de Dios.[3] Logran proporcionar actividades para sus miembros.

B. JOSÉ SMITH Y LA HISTORIA DEL MOVIMIENTO

La religión mormona comenzó con una supuesta revelación de dos miembros de la Trinidad a José Smith, hijo, en el año 1820, en un bosque del estado de Nueva York. Este joven de catorce años estaba orando, pidiendo que Dios le mostrara cuál secta protestante tenía razón. Según su testimonio, Jesucristo contestó que "no debía unirme a ninguna, porque todas estaban en error . . . que todos sus credos eran una abominación a su vista".[4] Le aseguraron que si él demostraba ser digno, se restauraría por medio suyo la Iglesia original fundada por Jesucristo, y que — según ellos — desapareció con la muerte de los doce apóstoles, quedando la humanidad sin verdadera iglesia durante dieciocho siglos.

¿Quién era José Smith? Nació el 23 de diciembre de 1805 en el pueblecito de Sharon, Vermont de los EE.UU. Fue el tercero de nueve hijos de una familia campesina. José Smith, padre y su hijo pasaron largo tiempo en busca de tesoros escondidos. Según la declaración de Pomeroy Tucker, la cual fue firmada por los sesenta y dos residentes del área donde vivió la familia Smith durante algún tiempo, José, hijo, "podía expresar la más palpable exageración o la más maravillosa mentira con la más absoluta gravedad aparente".[5] Para sus adeptos era un profeta, pero para otros, un sujeto con capacidad de inventiva realmente extraordinaria.

Transcurridos tres años, Smith recibió una visita de un mensajero angélico llamado Moroni. Le dijo que se hallaba "un libro escrito sobre planchas de oro, el cual daba una relación de los antiguos habitantes de este continente . . . que en él se encerraba la plenitud del evangelio eterno, cual el Salvador lo había comunicado a los antiguos habitantes" (del nuevo mundo).[6]

Añadió: "Asimismo, que junto con las planchas estaban depositadas dos piedras, en aros de plata, las cuales, aseguradas a un pectoral formaban lo que se llamaba el Urim y Tumim; que la posesión y uso de estas piedras era lo que constituía a los 'videntes' de los días antiguos o anteriores, y que Dios las había preparado para la traducción del libro."[7]

Al día siguiente, Smith encontró las planchas de oro y el Urim y Tumim, escondidos bajo una roca en la colina Cumorah, cerca de la aldea de Manchester. Tres años después, sacó las planchas de su escondite y las llevó a su casa. Copió el escrito y con la ayuda de las piedras mágicas (aparentemente usándolas como anteojos), Smith tradujo los "jeroglíficos egipcios reformados" (los egiptólogos dicen que no se conoce tal escrito). Un profesor de una escuela, Oliverio Cowderly, junto con un agricultor pudiente, Martín Harris, servían como secretarios escribiendo lo que dictaba Smith tras una cortina.

Un ángel les mostró las planchas a algunos de los discípulos de Smith, convirtiéndolos en testigos. Uno de ellos, Martín Harris, sin embargo, confesó años después: "Las ví con ojos de la fe . . . estaban cubiertas con un paño."[8] El resultado de la traducción fue *El libro de Mormón*.

En 1829, Juan el Bautista apareció supuestamente a Smith y Cowderly, confiriéndoles el sacerdocio aarónico, "el cual tiene las llaves del ministerio de ángeles, y del evangelio de arrepentimiento, y del bautismo por inmersión para la remisión de pecados". Profetizaron y se bautizaron el uno al otro. En otra ocasión, Smith recibió el Sacerdocio de Melquisedec, de las manos de los apóstoles Pedro, Santiago y Juan. Así tenía autoridad de imponer las manos para comunicar el don del Espíritu Santo.[9] Según su doctrina, se salva bautizándose y recibiendo el Espíritu por imposición de manos, cumpliendo así las palabras de Jesús: "El que no naciere de agua y del Espíritu no puede entrar en el reino de Dios."[10] Seis años después de establecer la Iglesia de los Santos de los Últimos Días, Smith y Cowderly fueron visitados por el profeta Elías. Este confirmó a Smith la autoridad de bautizar por los muertos.

Se organizó la iglesia en 1830 con treinta miembros. Pronto contaba con centenares de adeptos pero no con el favor de los vecinos. Cambiaron la sede a Kirkland, Ohio, donde Smith tomó otra esposa, una práctica mormona confirmada después por revelación. Enviaron misioneros a Jackson, Missouri, al sitio profetizado por Smith donde sería edificada la ciudad de Sión, la futura sede terrenal de Jesucristo. Perseguidos por dondequiera que iban, emigraron a Illinois y fundaron la ciudad de Nauvoo. Los no mormones, sin embargo, sentían molestia por la práctica de la poligamia entre los fieles, y algunos publicaron una revista "The Nauvoo Expositor", criticando amargamente la religión de Smith. (Se dice que Smith contaba con veintisiete mujeres y tenía cuarenta y cuatro hijos.) Indignado, el profeta dio órdenes para destruir la imprenta, y él y su hermano Hyrum fueron encarcelados a causa de la destrucción de ésta. Una turba de doscientos hombres entró violentamente en la cárcel y los asesinaron. Así, José Smith llegó a ser un mártir, un signo de un verdadero profeta, según los mormones. Esto le ocurrió catorce años después de fundar su fe.

Los mormones iniciaron un éxodo hacia el oeste. En su camino fundaron algunos pueblos, pero pronto eran expulsados. Finalmente, en 1847 y luego de recorrer mil seiscientos kilómetros, llegaron a un valle remoto y desolado. Allí fundaron Salt Lake City, no lejos de un lago impregnado de sal. Hoy es la capital del Estado de Utah y la sede internacional de la Iglesia de los Santos de los Últimos Días.

En 1862, el Congreso de los Estados Unidos promulgó una ley prohibiendo la práctica de la poligamia, pero los mormones la pasaron por alto hasta 1890. Poco antes de esta fecha, la Corte Suprema apoyó la ley, decisión que produjo el encarcelamiento de mil mormones y la separación de su organización. Entonces el presidente mormón, Woodruff, manifestó que los mormones dejarían la práctica, algo que sería contrario a la revelación infalible del profeta Smith, registrada en el libro *Las doctrinas y convenios*. Se dice, sin embargo, que Woodruff mismo y otros mormones primitivos seguían practicándola secretamente.

En Chile lograron sus primeras conversiones en 1956 y han crecido rápidamente. Según sus líderes, contaban con unos ciento cincuenta mil adeptos en 1986. Han construido trescientas veintidós capillas en el país, noventa y cuatro de las cuales están en Santiago. Sus lujosos edificios, sin embargo, son blancos de ataques de los terroristas, pues se cree que muchos mormones son agentes de la CIA. En Chile algunos grupos terroristas les avisaron en panfletos: "Contra la intervención yanqui en América Latina, la fuerza rebelde de Lautaro se levanta."

C. LOS LIBROS SAGRADOS DEL MORMONISMO

El libro de Mormón es para los seguidores de Smith una escritura inspirada divinamente, que se usa acompañada de la *Biblia* y de otros dos tomos, también sagrados: *Las doctrinas y convenios*, que contiene las revelaciones del primer profeta y sus sucesores y que sirve para guiar el restablecimiento de la iglesia y *La perla de gran precio*, que contiene más revelaciones, traducciones y declaraciones de su fundador.

Sería difícil encontrar un libro "sagrado" del período moderno que sea más obviamente ficticio que *El libro de Mormón*. Aparenta ser la historia de dos civilizaciones antiguas que se encontraban en los continentes del Nuevo Mundo. La primera salió del Babel bíblico, atravesó Europa y llegó a lo que se llama América Central. La segunda civilización consistía de judíos piadosos que emigraron de Jerusalén, antes de su caída, alrededor del año 600 a.C. y cruzaron el Océano Pacífico, arribando en la costa occidental de América del Sur. El primer grupo, los jareditas, fueron destruidos completamente como castigo por su iniquidad. El segundo grupo de emigrantes, fue dirigido por Lehi, el cual tuvo dos hijos, Nefi y Lamán. Dios designó al hijo más joven, Nefi, para ser jefe de la tribu. Con el transcurso del tiempo, se dividió en dos grupos: los nefitas y los lamanitas. Como juicio por su maldad, Dios los maldijo oscureciendo la piel de los lamanitas (los indios).

El libro contiene muchas profecías tomadas de la Biblia y puestas en la boca de los profetas de esta obra; muchas de ellas son plagios de los evangelios, las epístolas y el Apocalipsis. Hay que notar que son citas exactas tomadas de la versión inglesa King James, publicada en 1611, mil años después de la fecha que se alega para *El libro de Mormón*. Se nota que esto lo hizo en perfecto inglés isabelino. Se incluyen las palabras en bastardillas que suplieron los traductores de la Biblia. Se encuentra también en 3 Nefi 11:27,36 el plagio de una interpolación relacionada con la doctrina de la Trinidad (1 Jn. 5:7), la cual no se halla en los mejores manuscritos. J. Cabral señala que esta obra "es una mediocre imitación de la Biblia".[11] Según el libro de Mormón, el Cristo resucitado fue a los nefitas en la América, repitió sus enseñanzas, incluso el Sermón del Monte, predicó el evangelio e instituyó los sacramentos del bautismo y la santa cena.

El libro de Mormón, según José Smith, es el "libro más correcto que hay sobre la tierra".[12] Sin embargo, los historiadores mormones han hecho unos 3.000 cambios de la edición original y todavía se encuentran errores. Por ejemplo, en Alma 7:10 se lee: "Y he aquí nacerá" (el Mesías) "de María, en *Jerusalén*." Se encuentran numerosos anacronismos. Por ejemplo, los jareditas atravesaron el Atlántico en barcos con ventanas de "vidrio", tenían armas de "acero" y "brújulas" para orientarlos, cosas que no existieron en el año 2.000 a.C. Los arqueólogos nunca han encontrado ruinas de las ciudades mencionadas en el libro ni el escrito egipcio que fue supuestamente usado por los habitantes del Nuevo Mundo. Además, los antropólogos modernos señalan que los indígenas de estos continentes son de la raza oriental y no tienen ningún rasgo semítico, algo que demuestra la falsedad del relato del origen de los habitantes originales de las Américas. Es obvio que *El libro de Mormón*, es un fraude y Smith fue un charlatán. La tragedia consiste en que millones de personas sinceras han sido engañadas y desviadas del verdadero camino de Cristo.

D. LAS DOCTRINAS DE LOS MORMONES

Al leer *El libro de Mormón* y los folletos usados para proselitar, parece que los Santos de los Últimos Días son ortodoxos en cuanto a las doctrinas importantes. Manifiestan que creen en la Trinidad, la divinidad de Jesucristo y su expiación, su redención y su oficio de mediador. Sin embargo, los estudiosos que han investigado sus doctrinas, leyendo los sermones y revelaciones de sus profetas, afirman que han desarrollado una teología completamente nueva y fundada en la desaparición de la Iglesia que instituyó Cristo. Su Jesucristo es otro, su evangelio es otro y su Espíritu Santo es otro.

Consideremos algunas de sus nociones.

1. *La doctrina acerca de Dios.* Los mormones creen en muchos dioses, "estos dioses se hallan en orden progresivo, algunos en una etapa más adelantada que otros". Enseñan que el mismo Dios una vez fue hombre y que los hombres pueden llegar a ser dioses. Rechazan la espiritualidad de Dios, pues afirman que Dios Padre posee un cuerpo de carne y hueso, tangible como un hombre.[13]

En "El discurso del rey Follet", páginas 8-10, José Smith dijo:

> Dios fue una vez como nosotros somos ahora; es un hombre exaltado que está sentado en el trono de los cielos más lejanos . . . Digo que si lo vieran hoy, lo verían como un hombre, con una forma como la de ustedes, con todo lo que es la persona, la imagen y la forma misma de un hombre.
>
> Les voy a decir cómo llegó a ser Dios. Hemos imaginado y supuesto que Dios fue Dios desde la eternidad. Voy a rechazar esa idea y quitar el velo para que ustedes puedan ver . . . El fue una vez un hombre como nosotros . . . Vivió en la tierra, tal como lo hizo Jesucristo . . . Ustedes tienen que aprender a ser dioses, y a ser reyes y sacerdotes para Dios, tal como lo han hecho todos los dioses antes que ustedes.

Dice Smith en el "Periódico del discurso, 6:5:

> En el principio, el jefe de los dioses convocó a un concilio de dioses; entonces se reunieron y trazaron un plan para crear y poblar al mundo y habitarlo.

La Biblia enseña que hay un solo Dios, que es espíritu y que es eterno (Jud. 25; Jn. 1:1; 4:24). Aunque el Nuevo Testamento menciona los dioses e ídolos de los paganos, señala claramente que son falsos y sin valor. "Sabemos que un ídolo nada es en el mundo, y que no hay más que un Dios" (1 Co. 8:4).

2. *Jesucristo.* Aunque los mormones aseveran que Cristo es divino, "el Señor Omnipotente", "el Padre Eterno" y "el Hijo de Dios", su definición de estos títulos es muy diferente de la de la doctrina ortodoxa. Creen que es "el Hijo literal y personal en la carne de ese Ser exaltado que es Dios nuestro Padre".[14] Insinúan que el Padre le engendró literalmente en la eternidad, de la misma manera como somos engendrados nosotros, siendo Dios un ser corporal y teniendo una esposa celestial. En tono irónico razonan: "Cuando se cree que Dios es impersonal, increado, incorpóreo, incomprensible, desconocido, un ser místico de tres espíritus en uno que llena la inmensidad, no es posible aceptarle como el Padre *literal* de Cristo"[15] (Hemos enfatizado la palabra "literal").

Citan Colosenses 1:15, que Cristo fue el "primogénito de toda creación" y Romanos 8:29, el "primogénito entre muchos hermanos", para indicar que él era solamente uno de los "hijos espirituales del Padre" que "nacieron en estado preterrenal".[16]

Según el profeta Brigham Young, al igual que el ser celestial, el Cristo humano fue engendrado por la intervención física del Padre, en Nazaret: "El no fue engendrado por el Espíritu Santo . . . Jesús, nuestro hermano mayor, fue engendrado por la misma persona que estuvo en el huerto de Edén, el cual es nuestro Padre en el cielo" (*Periódico de discursos*, tomo 1, págs. 50-51).

Aunque los seguidores de Smith dicen que creen en la divinidad de Jesús, para ellos él es meramente una criatura exaltada. Aunque le llaman "creador", afirman que la materia es eterna (*Doctrinas y convenios* 93:33) y que Cristo era solamente uno de los varios dioses que participaban en reunir y coordinar lo que era materia, preexistente para formar la tierra. Al usar las palabras "eterno" y "eternidad", parece que se refieren sólo a un tiempo antes de la formación del mundo, pero no a lo que no tuvo principio ni tendrá fin, la eternidad verdadera.

3. *El hombre.* Según Smith, el hombre es un alma preexistente en el cielo, que toma un cuerpo al nacer en este mundo: "El hombre

es un espíritu revestido con un tabernáculo . . . Existió eternamente."[17] Un tratado mormón añade: "Todos los hombres vivieron en un estado preterrenal como hijos espirituales del Padre."

Puesto que los mormones creen en la preexistencia del alma y la necesidad de estas almas para tomar forma humana, a fin de disfrutar poder y gozo, conviene que los hombres practiquen la poligamia. Así pueden acelerar la creación de cuerpos para la encarnación de los demás preexistentes.

La caída del hombre fue un paso necesario para que éste saliera de su estado de inocencia, existiera como ser humano, se reprodujera y propagara la raza, sintiera gozo y dejara el jardín de Edén. El profeta Lehi dijo: "Adán cayó para que los hombres existiesen; y existen los hombres para que tengan gozo" (2 Nefi 2:25). Como resultado de ser redimidos por el Mesías, los hombres quedan "libres para siempre, distinguiendo el bien del mal" (2 Nefi 2:26). La cosa importante de la caída, sin embargo, es que "Adán y Eva se hicieron mortales y pudieron engendrar hijos mortales".[18]

En el "Libro de Moisés", Smith afirma que Caín, el primer asesino, fue el primogenitor de la raza de color y que Dios le castigó dándole una piel de color negro como señal de su maldición. Hasta 1978, los negros fueron privados de todas las "bendiciones" y "privilegios" del sacerdocio, pero en aquella fecha Dios reveló a los mormones que había levantado la maldición. Les mandó a tratar con igualdad a los negros, pudiendo llegar ellos a ser ahora sacerdotes, participar en las ceremonias del templo y llegar a ser dioses. Esta oportuna revelación abre la puerta a los mormones para evangelizar a los africanos.

4. *La salvación.* Según *El libro de Mormón*, Lehi profetizó: "El Mesías vendrá con la plenitud de los tiempos, a fin de poder redimir a los hijos de los hombres de la caída." Y, ¿de qué otra cosa son redimidos? "Porque son redimidos de la caída, han llegado a quedar libres para siempre, distinguiendo el bien del mal, para obrar por sí mismos" (2 Nefi 2:26).

No es una redención completa del pecador, sin embargo, es el medio por el cual el hombre puede resucitar física y espiritualmente de los muertos. Se encuentran obras para complementar y completar su salvación.

La expiación de Cristo rescata a todos los hombres de los efectos de esta muerte temporal al hacer que todos resuciten y alcancen la inmortalidad . . . Rescata a los hombres de los efectos de la muerte espiritual *si obedecen las leyes y ordenanzas del evangelio* (cursivas del autor).[19]

Aunque los mormones dicen que "somos salvos por gracia", su concepto de gracia no es el de la Biblia.

La gracia es simplemente la condescendencia, la misericordia y el amor que Dios tiene por sus hijos, y como consecuencia ha ordenado el Plan de Salvación para que puedan progresar y llegar a ser como El . . . Esta es la salvación por la gracia, que va unida con la obediencia a las leyes y ordenanzas . . . 'Sabemos que es por la gracia que nos salvamos, después de hacer cuanto podamos' (2 Nefi 25:23).[20]

El plan de salvación, según el mormonismo, consiste de algunos pasos: fe en Cristo (las doctrinas mormonas), arrepentimiento, bautismo por inmersión en agua, para la remisión de pecados (administrado por alguien del sacerdocio aarónico), el recibir el Espíritu Santo por la imposición de manos, el obedecer las leyes y ordenanzas del mormonismo y el perseverar en la fe hasta el fin.

Los hombres pueden llegar a ser dioses, pues en una etapa de su desarrollo, todos los dioses eran hombres. Estos fueron creados como espíritus en el cielo, vivieron en la tierra para recibir cuerpos y pasar por un período de prueba; luego fueron exaltados a la deidad. La vida humana es sólo una etapa en el proceso de llegar a ser dioses.

5. *El bautismo por los muertos.* Los santos de los últimos días creen que los espíritus de predicadores muertos pueden evangelizar a los difuntos en el Hades. Citan 1 Pedro 3:18,19: "Cristo . . . muerto en la carne, pero vivificado en espíritu; en el cual también fue y predicó a los espíritus encarcelados." Los mormones creen que estuvo predicando a los espíritus de los injustos durante los tres días que se ausentó del cuerpo, y que otros predicadores fallecidos pueden hacer lo mismo. Los difuntos injustos pueden creer y

arrepentirse, pero no pueden ser bautizados, un acto imprescindible para la salvación mormona.

Entonces, ¿cómo pueden los muertos convertidos en el Hades alcanzar la salvación? Basando su doctrina sobre las palabras del apóstol Pablo: "¿Qué harán los que se bautizan por los muertos, si en ninguna manera los muertos resucitan?" (1 Co. 15:29), los mormones enseñan que un mormón viviente puede recibir el bautismo en su lugar. Esta clase de bautismo, como los ritos especiales del matrimonio, se administran en un templo mormón.

6. *La escatología.* Los mormones creen que Cristo vendrá otra vez para establecer su gobierno en dos capitales: la vieja Jerusalén en Palestina y la nueva Jerusalén en Independence, Missouri, EE.UU. Los judíos serán reunidos en Palestina y los mormones en Missouri; lo demás de la humanidad sufrirá el juicio de Dios (Doctrinas y convenios 29:9-11). Desde las dos capitales, Jesús reinará sobre el mundo durante mil años. Será una oportunidad para la conversión de todos los que todavía no hayan aceptado el evangelio mormón.

Habrá la resurrección corporal de toda la humanidad. En el estado final, el diablo, sus ángeles y una pequeña porción de la raza humana, irán al infierno. Sin embargo, no es castigo verdaderamente eterno como la Biblia lo describe. Razonan:

> Si por predicar a los espíritus encarcelados, llevándolos a un conocimiento de la verdad y bautizándose por ellos, quedan libres de su prisión, lógicamente se infiere que el castigo futuro debe tener fin . . . Castigo eterno es el nombre del castigo que Dios inflinge, porque El es eterno. Por lo tanto, el que recibe el castigo de Dios padece un castigo eterno, bien sea durante una hora, un día, una semana, un año o un siglo . . . Según sus obras será su castigo.[21]

Según la doctrina mormona, la salvación abarca a todos sin excepción. James Talmage afirma:

> El alcance de la expiación es universal, y se aplica por igual a todos los descendientes de Adán, incluso al no

creyente, al pagano y al niño que muere antes de llegar al uso de razón. Todos son redimidos de las consecuencias individuales de la caída por el sacrificio del Salvador.[22]

Los mormones enseñan que habrá tres cielos: el telestial, el terrenal y el celestial. Se reserva el más bajo, el *telestial*, para los que han rechazado el evangelio y se encontrarán en el infierno cuando suceda la resurrección; el *terrenal*, para los cristianos que no hayan aceptado el mensaje mormón o los mormones que no hayan cumplido los requisitos de la iglesia, y los hombres de buena voluntad, pero que todavía sean inconversos; y el *celestial* para los que han tenido sellado eternamente su matrimonio y los que están en la etapa de llegar a ser dioses.

7. *Los ritos sagrados.* Además del bautismo por inmersión, los mormones celebran la santa cena semanalmente, pero usan agua en vez de vino.

Realizan los ritos secretos y ceremonias más sagradas sólo en sus templos: el bautismo por los muertos y el sellar el matrimonio por toda la eternidad. Todo mormón "digno" (el que tiene derecho a entrar al templo) puede bautizar "atrasado" a todos sus parientes fallecidos y aun a otros, tomando su nombre y sumergiéndose por ellos en el agua. Existen en el mundo entero sólo unos treinta de estos recintos "sagrados", uno de ellos en Santiago, Chile. Son lujosos templos sin ventanas. Si quieren sellar su matrimonio, pasan a una pieza, donde el hombre se para a un lado del altar, la mujer al lado contrario, y un sacerdote, con una breve oración, los declara esposos para toda la eternidad.

Posteriormente proceden a ponerse la "ropa interior" (un traje semejante a un buzo, de piernas más largas para cuando están dentro del templo, y uno más corto para todos los días), a la que atribuyen poderes espirituales y protectores, razón por la cual no deben dejar de portarla nunca más. Hombres y mujeres reciben en esa oportunidad nombres secretos y, a medida que transcurren las charlas, les enseñan señales secretas que acompañan con juramentos de no revelar lo que han aprendido.

E. ¿POR QUÉ SOY EVANGÉLICO Y NO MORMÓN?

1. *Como evangélico acepto la Biblia como la única y completa revelación de doctrina religiosa.* Rechazo los libros sagrados del mormonismo como invenciones de hombres que presentan muchos conceptos contrarios a las enseñanzas bíblicas. El apóstol Juan termina el último libro de la Biblia con esta advertencia: "Si alguno añade a estas cosas, Dios traerá sobre él las plagas que están escritas en este libro; si alguno quitare de las palabras del libro de esta profecía, Dios quitará su parte del libro de la vida . . ." (Ap. 22:18).

2. *Como evangélico creo que Dios es espíritu y no corporal (de hueso y carne) como enseñan los mormones.* En muchos versículos bíblicos se le presenta con forma humana, para acomodar la revelación divina al entendimiento humano. Se llaman antropomorfismos, es decir, atribuirle rasgos humanos. Sin embargo, la Biblia enseña que Dios es espíritu, invisible y omnipresente (Jn. 4:24; 1 Ti. 6:16; Dt. 4:15; Sal. 139:7-12).

3. *Como evangélico creo que Jesucristo es el eterno, no creado, único Hijo de Dios.* Rechazo que la expresión de Colosenses 1:15, "el primogénito de toda la creación", quiere decir que Cristo es el primer ser creado por Dios y sólo uno de sus muchos hijos. Más bien, el término se refiere a su relación con lo demás de la creación, o sea, su rango, "para que en todo tenga la preeminencia" (Col. 1:15-18; Sal. 89:27; Ex. 4:22; 1 Co. 15:23), el ser heredero de todo (He. 1:2) y tener el derecho sobre todo (Ap. 5:9). Tal como el hijo primogénito de una familia hebrea tenía preeminencia entre sus hermanos y autoridad sobre ellos y recibía una doble porción de la herencia, así es la porción de Cristo en la Iglesia. No se puede referir a la creación de Cristo, pues él mismo es eterno y agente de la creación (Jn. 1:1,2; Col. 1:15-19).

El Nuevo Testamento coloca a Cristo en el mismo nivel que el Padre. El Verbo estuvo con Dios en el principio (Jn. 1:1); era "en forma de Dios" (Fil. 2:6); decía que Dios era su propio Padre, "haciéndose igual a Dios" (Jn. 5:18). Nunca ha sido menos que Dios.

4. *Como evangélico rechazo la preexistencia de las almas y la poligamia.* En el huerto de Edén Dios creó la primera pareja, una mujer para un hombre. Aunque el Antiguo Testamento permitía la poligamia,

así como la esclavitud y otros males, no la aprobaba. El Nuevo Testamento nos da la pauta, sin embargo, señalando que el obispo (pastor) debe "ser irreprensible, marido de una sola mujer" (1 Ti. 3:2). Pablo exhorta: "Cada uno tenga su propia mujer, y cada una tenga su propio marido" (1 Co. 7:2).

5. *Como evangélico rechazo la doctrina mormona de que hay matrimonio en el cielo.* Jesús dijo: "Porque en la resurrección, ni los hombres se casarán ni se darán en casamiento, sino serán como los ángeles de Dios en el cielo" (Mt. 22:30).

6. *Como evangélico acepto la doctrina bíblica de que la salvación es sólo por la gracia de Dios (su favor inmerecido) y recibida sólo por la fe.* "Porque por gracia sois salvos por medio de la fe; y esto no de vosotros, pues es don de Dios; no por obras, para que nadie se gloríe" (Ef. 2:8,9). "Concluimos, pues, que el hombre es justificado por fe sin las obras de la ley" (Ro. 3:28).

El bautismo en agua es un testimonio de que ya somos salvos; no quita "las inmundicias de la carne" sino es "la aspiración de una buena conciencia hacia Dios" (1 P. 3:21). Las buenas obras son los frutos de la salvación, la evidencia de que somos hijos de Dios (Ro. 8:14).

7. *Como evangélico rechazo la noción mormona de que la salvación es universal, que no habrá castigo eterno y que hay tres cielos.* Jesús mismo asevera: "E irán estos (los egoístas que son indiferentes al padecimiento de su prójimo) al castigo eterno, y los justos a la vida eterna" (Mt. 26:46).

Comenta William Fisher:

> Nunca podría creer en un cielo mormón, en que hay ciudadanos de primera y ciudadanos de segunda clase, y en el que los "exaltados" llegarán finalmente a ser "dioses" por sus propios derechos, ni tampoco creer en un infierno estilo mormón, en el que "un número que se puede contar con los dedos de una mano" sufrirán el castigo por sus pecados.[23]

8. *Como evangélico no acepto la idea mormona de que toda persona que muere pecadora tendrá la segunda oportunidad de arrepentirse y ser salva.* "Está establecido para los hombres que mueran una sola vez, y después de esto el juicio" (He. 9:27).

Confieso que es difícil interpretar el pasaje de 1 Pedro 3:17-20: "Cristo . . . muerto en la carne, pero vivificado en el espíritu; en el cual también fue y predicó a los espíritus encarcelados, los que en otro tiempo desobedecieron, cuando una vez esperaba la paciencia de Dios en los días de Noé." Puesto que ningún otro pasaje de la Biblia enseña que haya oportunidad para que se salven los espíritus de los difuntos inconversos, es mejor creer que Jesús, en su descenso al Hades, la habitación de todos los muertos, proclamó su victoria y no que predicó el evangelio. Algunos expositores creen que descendió al Hades tanto para llevar a los justos al cielo, como para anunciar su victoria a los malos: "Subiendo a lo alto, llevó cautiva la cautividad" (Ef. 4:8).

Al igual que el citado pasaje sobre el descenso de Jesús a la habitación de los difuntos, el versículo sobre el bautismo por los muertos (1 Co. 15:29), es muy oscuro y su interpretación es controversial. ¿Quiere decir que, al morir ciertos creyentes que habían sido de la congregación en Corinto, algunos simpatizantes tomaron la decisión de bautizarse y reemplazarlos en la obra del Señor? No sabemos. Se nota, sin embargo, que Pablo no aprueba esta costumbre, sino sólo se refiere a ella como evidencia de que los corintios creían en la inmortalidad y la resurrección. Puesto que la hermenéutica advierte contra el basarse una doctrina sobre un sólo versículo, y especialmente sobre un versículo cuyo significado es oscuro, no se debe ser dogmático al interpretarlo. De todos modos, no enseña que debemos practicar el bautismo por los muertos.

9. *Como evangélico creo que un verdadero profeta habla sólo lo que Dios pone en su boca* (Dt. 18:18) *y lleva una vida santa.* Es obvio que Smith y otros profetas mormones han inventado la mayoría de sus doctrinas, pues contradicen la Palabra de Dios. Además la sensualidad de Smith y de Brigham Young señala que no eran portavoces de Dios: "Por sus frutos los conoceréis" (Mt. 7:16).

EJERCICIOS

A. Preguntas de elección múltiple. Haga un círculo alrededor de la letra de la frase que mejor corresponda.

1. Los misioneros mormones son numerosos porque
   a) la doctrina mormona exige que cada "santo" debe ser un testigo.
   b) por su sistema de diezmar, la iglesia mormona tiene muchos fondos para la obra misionera.
   c) la iglesia mormona anima a los jóvenes a dedicar dos años a la obra misionera.

2. Se emplean las capillas mormonas para
   a) tener cultos y actividades de recreo o adiestramiento práctico relacionado con el diario vivir.
   b) bautizar a los sustitutos por los muertos.
   c) "a" y "b"

3. En la primera visión divina, José Smith
   a) tenía catorce años.
   b) vio al ángel Moroni.
   c) fue enterado referente a las planchas de oro.
   d) "a", "b" y "c"

4. Según el mensaje de Cristo a Smith,
   a) la verdadera iglesia había dejado de existir después de la muerte del último apóstol.
   b) si Smith era fiel, él restauraría la iglesia de Cristo.
   c) todas las iglesias de aquel tiempo eran apóstatas y una "abominación" ante el Señor.
   d) "a", "b" y "c"
   e) Ninguna de las anteriores

5. Juan el Bautista confirió a Smith y Cowderly
   a el sacerdocio de Melquisedec.
   b) la autoridad de bautizar e imponer las manos para comunicar el Espíritu Santo.
   c) el sacerdocio de Aarón.

6. Los primeros mormones fueron perseguidos
   a) porque proselitaban mucho atrayendo a sí mismos muchos miembros de otras religiones.

    b) porque practicaban la poligamia.

    c) porque sus doctrinas eran muy absurdas y patentemente falsas.

B. Llene los espacios o conteste brevemente.

7. a) *El libro de Mormón* es la supuesta historia de dos

      _____ en _____.

    b) El primer grupo salió de _____ alrededor del año _____. Se llamaban los _____.

    c) El segundo grupo consistía de _____ (la raza) dirigidos por _____.

    d) Los _____ eran los descendientes modernos de los lamanitas.

8. Hay evidencia de que *El libro de Mormón* es pura ficción y un fraude deliberado.

    a) Los jareditas tenían dos cosas que no existían en aquel entonces, tales como _____ y _____.

    b) Los arqueólogos del Nuevo Mundo nunca han encontrado _____ ni el _____ egipcio.

    c) Además, los indígenas del Nuevo Mundo no son de la raza judía sino de la raza _____.

9. Dé tres doctrinas mormonas acerca de lo siguiente:

    a) Dios

    b) Jesucristo

    c) El hombre

    d) La salvación

    e) La escatología

10. ¿Cómo difiere la definición mormona de los términos "eterno" y "eternidad" a la del resto del mundo? (Según los mormones, ¿qué significan estos términos?)

11. ¿Cómo se puede conciliar el hecho de que Jesucristo es "el primogénito de la creación" (Col. 1:15) con la doctrina que le declara ser eterno (sin principio ni fin)? ¿Qué quiere decir el término "primogénito de la creación"?

12. Aprenda las respuestas cristianas a los errores mormones. En el examen hay que saber cómo refutar las herejías.

CITAS

1. Walter Martin, *The maze of mormonism* (Santa Ana, California: Vision House Publishers, 1980), pág. 166.
2. *Ibid.*, pág. 167.
3. *Ibid.*, pág. 168.
4. *El testimonio del profeta José Smith* (Salt Lake City: La Iglesia de Jesucristo de los Últimos Días, 1974), pág. 5.
5. Pomeroy Tucker, *Origin, Rise and Progress of Mormonism* (Nueva York: 1867).
6. *El testimonio de José Smith, op. cit.*, pág. 11.
7. *Ibíd.*
8. J.A. Clark, *Gleanings by the way* (Philadelphia: 1842), citado por Walter Martin, *Mormonism* (Caparra Terrace, Puerto Rico: Editorial Betania, 1982), pág. 12.
9. *El testimonio de José Smith, Ibíd.*, págs. 20-23, 28.
10. *El plan de salvación* (folleto de La Iglesia de Jesucristo de los Santos de los Últimos Días), pág. 17.
11. J. Cabral, *Religiones, sectas y herejías* (Deerfield, FL: Editorial Vida, 1982), pág. 122.
12. Brigham Young, *Journal of Discourses*, 6:299; 7:289.
13. Anthony A. Hoekema, "Mormonismo", en *Diccionario de historia de la iglesia*, Wilton M. Nelson, ed. (Miami: Editorial Caribe, 1989), pág. 757.
14. *Qué piensan los mormones de Cristo*, un folleto publicado por La Iglesia de Jesucristo de los Santos de los Últimos días, s.f., pág. 6.
15. *Ibíd.*, pág. 6.
16. *Ibíd.*, pág. 7.
17. José Smith, *Progress of Man*, citado por McDowell, *Ibíd.*, pág. 75.
18. J. Widstoe, *A Rational Theology* (Deseret Publishing Company, s.f.), pág. 47, citado por Martin, *op. cit.*, pág. 217.
19. *Qué piensan los mormones de Cristo, op. cit.*, pág. 17.
20. *Ibíd.*, págs. 17-18.
21. *El plan de salvación, op. cit.*, págs. 26-27.
22. Josh McDowell, *op. cit.*, pág. 76.
23. William Fisher, *¿Por qué soy evangélico?* (Kansas City: Casa Nazarena de Publicaciones, 1961), pág. 47.

Capítulo 3

LOS TESTIGOS DE JEHOVÁ

Para muchas personas que los reciben a la puerta de sus hogares, los testigos de Jehová son miembros de una secta que dedica una parte increíble de su tiempo para ir, de dos en dos, a todas las casas predicando el "reino de Jehová" y vendiendo las revistas *Despertad* y *Atalaya*. Se caracterizan por un conocimiento extraordinario de sus doctrinas y una persistencia insólita en promulgarlas. Parece que cada uno es un ministro adiestrado y proselitista incansable de su fe.

A. LOS FUNDADORES Y SU HISTORIA

Si uno le pregunta a un testigo de Jehová acerca de cómo y cuándo tuvo comienzo su movimiento, le diría que no es de origen humano, pues se remonta a más de cuatro milenios antes de Cristo. Afirmaría que Abel fue el primer testigo de Jehová; luego habría muchos más: Enoc, Noé, Abraham, Moisés, los profetas y aun el mismo Jesucristo. La secta, sin embargo, tuvo su verdadero principio en la octava década del siglo diecinueve. Su origen y desarrollo se debe a la obra de dos personas: Carlos Taze Russell y José Franklin Rutherford, los cuales fueron respectivamente profetas y caudillos de las primeras dos etapas de su historia.

Carlos Russell nació en los alrededores de la ciudad de Pittsburg, Pennsylvania, en los EE.UU., en el año 1852. Él y su padre eran prósperos dueños de algunas tiendas de ropa y aunque fue criado en una iglesia presbiteriana, se hizo miembro de una iglesia congregacional al llegar a ser joven. Le apasionaba la doctrina de la segunda venida de Cristo, pero no pudo soportar la doctrina del infierno. Un día, por casualidad, entró en un humilde salón adventista y oyó la enseñanza tranquilizadora de que no había castigo eterno. Se entusiasmó con los temas de la profecía que escuchó de los adventistas, especialmente el de la segunda venida. Por lo tanto, aceptó muchas de sus ideas. Dedicó mucho de su tiempo a estudiar los libros de Daniel y Apocalipsis y formuló su propio sistema profético, que él denominó "El Plan Divino de las Edades".

Russell llegó a creer que tanto las doctrinas del catolicismo romano como las del protestantismo eran erradas, y empezó a forjar su propia teología. En el año 1872, celebraba clases de estudio fuera de las iglesias, recalcando en especial la doctrina de la segunda venida. Llegó a la conclusión de que Cristo establecería su reino milenial en 1914. En vista de esto, vendría en forma espiritual en 1874, para hacer una obra preparatoria. Caricaturizaba la doctrina cristiana de la Trinidad como "tres dioses en una persona" y sostenía que Cristo fue el primero de los seres creados. Negó casi todas las doctrinas ortodoxas.

Wilton Nelson señala los factores que le llevaron al éxito casi inmediato:

> El atractivo personal de Russell, su entusiasmo por la doctrina que predicaba, su aparente apego a las Escrituras, y su liberalidad de criterio, todos cooperaron para que pronto tuviera un grupo de seguidores en Pittsburg, quienes lo llamaban "pastor", título que le quedó durante los años siguientes.[1]

En 1879 Russell comenzó a publicar la revista *La atalaya de Sión y heraldo de la presencia de Cristo*. La primera edición contaba con un tiraje de 6.000 copias, algo insignificante comparado con el actual tiraje mensual de 17.800.000 en 106 idiomas.[2] Ahora se le denomina simplemente Atalaya. (Los testigos de Jehová, se consideran a sí mismos como heraldos enviados por Dios para amonestar al mundo sobre el juicio venidero y la urgencia de refugiarse en el "reino teocrático" de ellos. Por lo tanto, también denominan su otra revista *Despertad,* la cual tiene un tiraje mensual de más de 15.000.000.) Otras congregaciones fueron organizadas y el movimiento crecía. En 1884 Russell estableció en Pittsburg la organización *Zion's Watchtower Tract Society* que más tarde fue cambiada por el nombre de *Watchtower Bible and Tract Society* (Sociedad Atalaya de la Biblia y tratados).

Del año 1880 en adelante, el movimiento llegó a ser muy activo en divulgar sus doctrinas en muchos países. El fundador mismo escribía y viajaba incesantemente. Se dice que viajó más de 1.600.000 kms., predicó 30.000 sermones y escribió 50.000 páginas.

Entre 1886 y 1904, Russell, escribió los seis volúmenes de los *Estudios de las Escrituras.* En ellos se planteaba lo que ha continuado, básicamente, como la teología de los testigos de Jehová. Sus seguidores lo estimaban como un profeta inspirado de los últimos tiempos e intérprete por excelencia de las Escrituras.

Para ellos sus libros llegaron a ser una segunda Biblia o una interpretación infalible de ésta.

Con poca modestia, Russell mismo señaló la importancia de sus libros.

> Los seis tomos de *Estudios de las Escrituras* constituyen prácticamente la Biblia arreglada conforme a temas ... No se puede ver el plan divino estudiando la Biblia por sí sola. Encontramos que si alguien pone a un lado los *Estudios,* aun después de familiarizarse con ellos ... y se dirige a la Biblia sola, dentro de dos años vuelve a las tinieblas. Al contrario, si lee los *Estudios de las Escrituras* con sus citas y no ha leído ni una página de la Biblia como tal, estará en la luz al término de dos años.[3]

No obstante su aspecto venerable, era un hombre de este mundo. Tenía poca preparación académica — no se graduó de la escuela básica — pero no le faltaban sagacidad y viveza. Reunió grandes cantidades de dinero, empleando a veces trucos despreciables. Por ejemplo, anunció que tenía "trigo milagroso", que al sembrarlo rendiría cinco o seis veces más que el trigo corriente. Lo vendió al precio de sesenta dólares por sesenta libras, mientras que el precio en aquel período fue solamente un dólar por la misma cantidad. De manera similar anunciaba la venta de "porotos mileniales" y de una "semilla maravillosa de algodón". En otras ocasiones ofreció remedios para la apendicitis, la tifoidea y el cáncer. Además persuadía a muchas personas, especialmente mujeres a punto de morir, a entregarle sus bienes para la propagación del mensaje del "reino". En 1897 su esposa le abandonó y obtuvo la separación legal en 1906.

Fingía ser un teólogo preparado, pero fue expuesto por los escritos del reverendo J.J. Ross, un pastor bautista, el cual negaba sus doctrinas y su erudición. Russell le llevó al tribunal por difamación. Durante el juicio, el fundador de los Testigos de Jehová cometió perjurio al afirmar bajo juramento que él conocía el alfabeto griego y no pudo decir los nombres de las letras cuando se le mostraron en el tribunal.

Al morir Russell en 1916, José F. Rutherford, un abogado de gran capacidad, tomó las riendas de la organización. Heredó una crisis grave en el movimiento. Russell había profetizado que Jesucristo volvería en 1914 o poco después, pero no se cumplió su profecía. Rutherford reunió hábilmente a sus desilusionados seguidores, al descubrir en 1921 que Cristo de veras había regresado invisible en 1914 y había comenzado a purificar su templo en 1918.

También el sucesor de Russell recibió el nuevo nombre para los seguidores de *Atalaya*, en 1931: "Los Testigos de Jehová". Este nuevo nombre hacía énfasis en la tarea que se imaginaban tener y les ayudó a quitarse el apodo de "ruselistas", algo que deseaban ardientemente perder.

Otro problema solucionado por Rutherford fue el de los ciento cuarenta y cuatro mil. Russell había enseñado que solamente irían al cielo los 144.000 fieles, y cuando se hubiera completado esta cantidad, el rebaño de Dios estaría listo. Cuando los testigos alcanzaron a más de los esperados 144.000, Rutherford descubrió una forma de incluir una segunda clase de fieles en el plan de Dios —"la gran multitud"— la cual se quedará en la tierra renovada, mientras que "la manada pequeña" (los 144.000) formará la iglesia verdadera y heredará el cielo. Sólo los de "la manada pequeña" serán resucitados con cuerpos celestiales; los de la gran multitud permanecerán con cuerpos tal como son en la tierra.

Los testigos de Jehová ponen mucho énfasis en la literatura. Rutherford escribió veintidós libros y echó las bases de los estudios dogmáticos que caracterizan al movimiento. En 1920, este líder publicó su primera obra literaria seria: *Millones que ahora viven no morirán jamás*. Tuvo una venta enorme. En los primeros ocho meses se distribuyeron 2.500.000 ejemplares y en total fueron impresos y distribuidos unos 400.000.000 de ejemplares de sus obras.

Tal vez el logro más importante del "juez" Rutherford fue inaugurar una intensa campaña de visitación de casa en casa, en la cual se animaba a todos a que participaran. Durante la época de Russell, eran los líderes quienes hacían la obra. Pero Rutherford logró inspirar en los laicos la idea de que cada uno debía ser un testigo. De allí en adelante, los testigos de Jehová rechazaron la distinción entre clérigos y laicos. Para ellos, cada uno de los testigos es un ministro del evangelio. Stroup dice:

> Los testigos de Jehová constituyen una sociedad de ministros. En conjunto forman un grupo misionero. Es un grupo de evangelizadores.[4]

Ahora el ministerio de esta secta consiste principalmente en ir de casa en casa, vendiendo literatura y haciendo prosélitos. Sus lugares de reuniones denominados "salones del reino", no son usados para cultos de adoración, sino como centros de adiestramiento de "ministros". En ellos se les instruye en sus doctrinas y la forma cómo llevar a cabo las visitas y catequizar a los interesados. Nelson observa: "Hay pocas sectas, quizás ninguna, que ha logrado infundir en sus adeptos, con tanto éxito, el sentir del deber de 'testificar' como ésta."[5]

Como resultado de su celo y dedicación a evangelizar, tienen misioneros en más de ciento cuarenta países, han visitado casi todas las casas y departamentos de las grandes urbes de este planeta y cuentan con más de 3.000.000 de adeptos. Pero evangelizan atacando despiadadamente a todas las otras creencias y siembran odio hacia su clero. Por lo mismo, han sufrido más persecuciones que cualquier otra secta.

B. LAS DOCTRINAS DE LOS TESTIGOS DE JEHOVÁ

Los testigos de Jehová no han publicado artículos de fe ni declaraciones de un sistema de doctrina. Niegan categóricamente que han adoptado las ideas de Russell. Sostienen que extraen sus enseñanzas directamente de la Biblia. Josh Mc Dowell observa, sin embargo, que "hacen mal uso de las Escrituras, con el fin de apoyar sus creencias características. Esto lo hacen mayormente citando los textos fuera de su contexto, al mismo tiempo que omiten otros pasajes que son importantes para el tema. En la práctica, sus propias publicaciones tienen prioridad sobre las Escrituras."[6] Además, los traductores de su versión de la Biblia, son acusados de alterar ciertos pasajes bíblicos, a fin de que armonicen con las nociones de Russell y Rutherford, las cuales contradicen las Escrituras.

1. *Niegan la Trinidad y la deidad de Jesucristo.* Según los testigos de Jehová, Dios no es trino sino una sola persona, "Jehová". Niegan la deidad de Cristo, afirmando que fue la primera criatura que Dios creó. El Espíritu Santo es una fuerza impersonal, una influencia que emana de Dios. Afirman que es una doctrina de "los antiguos babilonios y egipcios y otros mitólogos" (*Sea Dios veraz*, pág. 100).

> Sólo los religiosos "trinitarios" tienen la suficiente presunción de afirmar, sin ninguna base bíblica, que las otras dos personas son iguales con Jehová Dios; pero el mismo Jesús no afirma ser una de tales personas.[7]

> La obvia conclusión, por tanto, es que Satanás es el originador de la Trinidad (*Sea Dios veraz*, edición 1946, pág. 82).

> Las verdaderas Escrituras hablan del Hijo de Dios, el Verbo como "un dios". Él es un "poderoso dios", pero no "el todopoderoso Dios", que es Jehová (Isaías 9:6).[8]

> En el tiempo del comienzo de su vida, fue creado por el Dios eterno, Jehová, sin la ayuda ni por medio de ninguna madre. En otras palabras, él fue la creación primera y directa de Dios ... Él no fue una encarnación, en la carne, sino fue carne, un Hijo humano de Dios, un hombre perfecto, que ya no era un espíritu.[9]

2. *Niegan la encarnación de Jesucristo.* Aseveran que Jesús fue un hombre perfecto, pero nada más que hombre. El fundador de la secta explica:

> Tampoco fue Jesús una combinación de las dos naturalezas, la humana y la espiritual . . . Cuando Jesús estuvo en la carne fue un ser humano perfecto; y desde su resurrección es un ser espiritual . . . experimentó por dos veces cambio de su naturaleza . . . dejó una naturaleza para tomar la otra (*Estudios de las Escrituras* I, págs. 185-186).

Un escritor anónimo de los "testigos" modernos, señala lo mismo: "La justicia de Dios no dejaría que Jesús, como rescate, fuera más que un hombre perfecto" (*Sea Dios veraz*, pág. 105).

Así la obra expiatoria de Cristo fue la de un mero hombre, según ellos.

3. *Niegan la resurrección corporal de Jesucristo.* Puesto que los testigos de Jehová enseñan que el hombre no tiene alma o espíritu sino es un alma, aseveran que no existió Jesús en ninguna forma en los tres días que transcurrieron entre su muerte y resurrección. Luego fue resucitado como un espíritu. Citan 1 Pedro 3:18 para comprobar esta doctrina: Cristo "siendo a la verdad muerto en la carne, pero vivificado en espíritu".

> Al tercer día de yacer Jesús muerto en el sepulcro, su Padre inmortal, Jehová, lo levantó de los muertos, no como hijo humano, sino como un poderoso e inmortal Hijo espiritual. (*Sea Dios veraz*, pág. 115)

Preguntamos, ¿qué de la tumba vacía? Russell contesta:

> El cuerpo de nuestro Señor . . . fue quitado sobrenaturalmente de la tumba . . . No sabemos nada de lo que pasó con él, excepto que no se descompuso (Hechos 2:27, 31). Si fue disuelto en gases o si todavía se halla preservado en algún sitio como el gran recuerdo del amor de Dios . . . nadie sabe; ni es necesario tal conocimiento.[10]

4. *Enseñan que la salvación es principalmente por obras.* En la teología de los ruselistas, la salvación no es una dádiva de Dios provista por la expiación de Cristo. Russell dice que el "rescate por todos" que ofreció "el hombre Cristo Jesús, no da ni garantiza vida eterna" (*Estudios de las Escrituras*, tomo I, pág.158). Otro escritor añade: "Todos los que debido a su fe en Jehová Dios y en Cristo Jesús, se dedican a hacer la voluntad de Dios, y entonces llevan a cabo con fidelidad su consagración, serán recompensados con la vida eterna" (*Sea Dios veraz*, pág. 296).

Los testigos de Jehová sienten constante presión y un miedo mortal de ser rebajados a la clase de "siervos malos", por no trabajar suficientemente en vender su literatura y proselitar a los "gentiles". Piensan que ganan la vida eterna dedicándose a propagar su fe.

Los Testigos de Jehová se bautizan, pero no saben nada sobre la conversión, o la regeneración, o la justificación por la fe, o la limpieza del pecado, o el bautismo en el Espíritu Santo.

5. *Enseñan que la muerte es la destrucción total del hombre.* Los testigos de Jehová niegan que el alma humana es inmortal. El autor del libro *Sea Dios veraz*, asevera lo siguiente: "El hombre es una combinación de dos cosas, es saber, el 'polvo de la tierra' y el 'aliento de la vida'. La combinación de estas dos cosas produjo un alma viviente o criatura llamada el hombre. Por lo tanto, vemos que la afirmación de los religionistas, de que el hombre tiene un alma inmortal y por lo tanto se diferencia de los animales, no es bíblica" (pág. 68). Así que, para él, la muerte es la aniquilación completa y sin reservas.

¿Cómo explican los ruselistas las palabras de Jesús al malhechor muriente en la cruz: "De cierto te digo que hoy estarás conmigo en el paraíso" (Lc. 23:43)? Rutherford contesta: "El ladrón nunca llegará al cielo, puesto que la promesa que se le dio fue que si estaba de parte de Cristo Jesús, estaría en el paraíso el día que murió, pues de haber sido así hubiera llegado antes que Jesús" (*El Arpa de Dios*, págs. 45-46).

Los traductores ruselistas de la *Traducción del nuevo mundo de las Santas Escrituras*, hábilmente solucionaron el problema, alterando el orden de las palabras de Jesús: "Verdaderamente te digo hoy: Estarás conmigo en el Paraíso."

6. *Niegan el castigo eterno.* Según la doctrina de Russell y Rutherford, el infierno consiste en los sufrimientos experimentados en esta vida. Se identifica también el infierno o Hades con el sepulcro, negando así el castigo eterno para los impíos. Este es su razonamiento:

> La doctrina de un infierno en llamas, donde los malos son tortura dos eternamente después de su muerte, no puede ser verdad, por cuatro razones principales: (1) Porque carece por completo del apoyo bíblico; (2) porque no es razonable; (3) porque es contraria al amor de Dios; y (4) porque repugna a la justicia. *(Sea Dios veraz, op. cit.,* pág. 80).

7. *Creen que los hombres que no hayan escuchado el evangelio del reino, en esta vida, tendrán la oportunidad de ser salvos durante el milenio.* Según las especulaciones de Russell y Rutherford, cuando Cristo venga otra vez, "Los muertos serán despertados de la muerte para que tengan plena oportunidad de ser probados para vida" (Rutherford, *Hijos,* pág. 343). Consideran que esta vida es "un juicio" o prueba de la sinceridad de la gente y el milenio será otro "juicio, bajo más favorables condiciones a la raza entera" (Russell, *Estudios de las Escrituras,* pág. 144). Rutherford explica: "Juzgar implica, por medio de una prueba, dar oportunidad para recibir una bendición" (*Arpa de Dios,* pág. 344).

De acuerdo con *Sea Dios veraz,* no todos serán resucitados para tener una segunda oportunidad. Los que no serán resucitados son: (1) Adán, porque "tuvo su juicio final en el huerto de Edén" (pág. 284); (2) aquellos religiosos a quienes Jesús dijo que no podrían escapar del juicio de Gehena, debido a que eran de la simiente de la serpiente (págs. 284-285). (Seguro que el escritor se refiere al clero actual de las iglesias); (3) otros que antes de la batalla de Armagedón fueron remotamente rebeldes al mensaje de los "testigos" y como los "cabritos" de Mateo 25, no trataron bien a los mensajeros del reino (pág. 285).[11] El castigo para ellos es que no serán resucitados, es decir, serán destruidos para la eternidad.

Otros que serán aniquilados son Satanás y los demonios, los cuales serán destruidos por fuego.

8. *Enseñan que solamente los testigos de Jehová constituyen el pueblo*

de Dios; los demás, son seguidores del diablo. Para ellos, la gran ramera de Apocalipsis 17 es tanto la religión organizada como los paganos, la parte visible y directa entre la humanidad y los demonios invisibles (*El reino está cerca*, pág. 186). Por esto atacan crudamente a la Iglesia de Roma y al clero evangélico, pero ellos se sienten mártires cuando la gente los rechaza.

9. *Consideran que es pecado saludar la bandera de su respectivo país, servir en las fuerzas armadas o recibir transfusiones de sangre.*

> Cualquier bandera nacional es el símbolo o imagen del poder soberano de esa nación . . . El saludar la bandera de cualquier nación es un acto que le atribuye salvación a la bandera y a la nación que representa (*Sea Dios veraz*, págs. 234-236).

Los testigos de Jehová ven un paralelo entre su actitud hacia la bandera nacional y la de los tres amigos de Daniel, los cuales rehusaron inclinarse ante la imagen erigida por Nabucodonosor. El negarse a votar en elecciones, servir en puestos políticos o en las fuerzas armadas, es la consecuencia de atribuir los gobiernos de este mundo a la actividad y dominio de demonios.

Se oponen a las transfusiones de sangre, citando con literalismo absurdo algunos pasajes del Antiguo Testamento, que prohíben el ingerir sangre, tal como Levítico 17:14: "No comeréis la sangre de ninguna carne, porque la vida de toda carne es su sangre." Piensan que es alimentarse de sangre pero en realidad se prohibe "comer" sangre animal en la Biblia porque la sangre era el medio de hacer expiación (Lev. 17:11). No tiene nada que ver con las transfusiones modernas.

10. *Presentan profecías que no se cumplen.* Algunas son:

   a) 1889: "La batalla del gran día de dios todopoderoso, que terminará en 1914 con el derrocamiento total del presente gobierno terrenal, ya ha comenzado" (*El tiempo está cerca*, pág. 101).

   b) 1917: "En el año 1918, cuando Dios destruya a la gran mayoría de las iglesias y sus miembros por millones, sucederá que cualquier escapatoria será a través de las obras de Russell" (*Ministerio concluído*, pág. 485).

c) 1918: "Confiadamente podemos esperar que el año 1925 marcará el retorno de Abraham, Isaac y los fieles profetas de la antigüedad, a una condición de perfección humana" (*Millones que ahora viven nunca morirán*, pág. 89).

d) 1966: "En 1975 (al terminar el otoño) finalizará el sexto día de mil años de la existencia del hombre. No será por mera casualidad o accidente, sino que será de acuerdo al tierno propósito de Jehová Dios, para que el reinado de Jesucristo se desarrolle en forma paralela al séptimo milenio de la existencia del hombre" (*Vida eterna en libertad*, pág. 89).

e) 1968: "La batalla de Armagedón habrá finalizado en el otoño de 1975. Puede haber una diferencia de semanas o meses, pero nunca DE años" (*¿Por qué aguardan 1975?*, 15-8-1968).

Según sus otras profecías referentes al año 1975, tres más acontecimientos estremecedores debieran de haber tomado lugar, a saber:

1) La aniquilación de la Iglesia Católica Romana y las demás iglesias opuestas a la obra de los testigos de Jehová.

2) La destrucción de los poderes políticos.

3) El comienzo del milenio en la tierra.

C. ¿POR QUÉ NO SOY TESTIGO DE JEHOVÁ?

1. *Creo en la deidad de Jesucristo: Cristo es eterno, siempre ha sido Dios y siempre será Dios.* Los testigos de Jehová creen que la Palabra o Verbo es la primera criatura que creó Dios, es "un dios" en el sentido de un ser "poderoso" pero no es Dios. Recalcan que el Verbo es "el primogénito de la creación" (Col. 1:15), es decir, el primer ser engendrado por Dios, no obstante que el contexto indica que "primogénito" significa también el que tiene "la preeminencia" (Col. 1:18). No se refiere aquí a su comienzo, pues estaba con Dios en el principio (Jn. 1:1). Tratan de demostrar que el Hijo es inferior a Dios. Señalan que Jesús dijo que "el Padre mayor es que yo" (Jn. 14:28), no obstante que Jesús quería decir que el Padre es mayor en autoridad y no diferente en naturaleza (Fil. 2:6-8; Jn. 1:1,2; 5:18; He. 1:8,9). Este dicho de Cristo (Jn. 14:28)

"se refiere a la subordinación voluntaria de Jesús al Padre durante su vida terrenal, en la cual le estuvo sometido por su propia voluntad. No dice nada de su naturaleza; sólo se refiere a su rango en la tierra . . . a su posición, y no a su persona".[12]

Durante su tiempo en la tierra, Cristo era más que un hombre perfecto. Por profecía, él fue llamado "Emanuel" (Isa. 7:14) y fijémonos bien en que el nombre no significa "Hombre perfecto con nosotros", sino "Dios con nosotros".

2. *Creo que Jesucristo resucitó corporalmente de los muertos y que no resucitó en espíritu*, como enseñan los testigos de Jehová. "Mirad mis manos y pies, que yo mismo soy: palpad y ved; porque un espíritu no tiene carne y huesos, como véis que yo tengo" (Lc. 24:39).

En cuanto a la expresión "vivificado en espíritu" (1 P. 3:18), los testigos de Jehová la sacan de su contexto. Parece que se refiere al tiempo entre la muerte de Jesús y su resurrección. En tal caso, existía su espíritu después de su muerte. Si no, ¿qué fue "vivificado"? Nada menos que *su cuerpo*, que volvió a tener vida cuando su espíritu, su personalidad, volvió a su cuerpo, que fue entonces glorificado. De todos modos, su espíritu seguía existiendo, pues Jesús lo encomendó al Padre cuando murió.

Russell se imaginó que el Padre quitó el cuerpo de Jesús de la tumba, para que los discípulos supiesen que había resucitado. El evangelista Guillermo Biederwolf comenta: "Los sumo sacerdotes inventaron la mentira de que los discípulos lo hurtaron, para engañar a la gente. Ahora viene Russell con una mentira mayor: que Dios lo hurtó para engañar a los discípulos."[13]

3. *Creo que Jesucristo retornará en forma visible y no volverá en forma espiritual, invisible y secreta como enseñan los testigos de Jehová*. "He aquí que viene con las nubes y todo ojo le verá" (Ap. 1:7).

4. *Creo que el Espíritu Santo es más que una fuerza o poder impersonal; es una persona, la tercera persona de la Trinidad*. El habla (1 Tim. 4:1), puede ser contristado (Ef. 4:30), puede ser tentado mintiéndole (Hch. 5:3,9), puede ser apagado (1 Tes. 5:19), guiaba a los apóstoles a toda verdad (Jn. 16:13), y glorifica a Cristo, tomando las cosas suyas y haciéndonoslas saber (Jn. 16:14). Se coloca al nivel y dignidad de las otras personas de la trinidad, en la fórmula bautismal (Mt. 28:19).

5. *Creo que el hombre tiene un alma o espíritu inmortal.* Según la definición ruselista de las palabras *nefesh* (hebreo) y *psyjé* (griego) traducidas "alma" en la Biblia, el alma se refiere a (1) "una persona, un individuo, o un animal inferior"; o, (2) a "la vida de que disfruta una persona o animal como tal".[14] Insisten en negar que es la parte inmortal del hombre; sostienen que, en la muerte, el hombre se aniquila totalmente.

Aunque la Biblia emplea a veces este vocablo en los sentidos adoptados por los testigos, también lo usa para referirse a la parte inmortal del hombre, algo distinto del cuerpo, algo que sobrevive a la muerte. Por ejemplo, Jesús dijo: "No temáis a los que matan el cuerpo, pues el alma no pueden matar" (Mt. 10:28; véase He. 6:19; 10:39; Ap. 6:9; 20:4). Por lo tanto, la muerte no se refiere a la destrucción del alma. El hombre, al morir no deja de existir, como enseñan los testigos; sobrevive su alma.

6. *Creo que habrá castigo eterno para los injustos y rechazo la doctrina ruselista,* de que "el juicio de Dios" es meramente un "período de prueba", una oportunidad de probarse fiel. Aunque el lugar denominado "Seol" en el hebreo y "Hades" en el griego, significa a veces sepulcro o muerte, también se refiere a la morada de los espíritus de los difuntos (Dt. 32:22; Is. 14:9,11,15; Job 38:17; 1P. 3:18-20). Todos los espíritus de los muertos solían ir a este lugar pero, desde la resurrección, los espíritus de los creyentes que mueren en Cristo van directamente al cielo, para estar con Cristo (Jn. 14:2,3; 17:24; 2 Co. 5:8; Fil. 1:23). Desde entonces no hay redimidos en el Hades, sino solamente injustos, esperando el día del juicio.

También existe el "infierno" (el *Gehena*), el lugar de tormento donde serán arrojados los hombres reprobados y los espíritus malignos. El Señor habla de *Gehena* en términos solemnes y terribles (Mt. 5:22,29,20; 10:28; 18:19; Lc. 12:5; Stg. 3:6). Parece ser sinónimo del "horno de fuego" de Mt. 13:42; del "lago de fuego", de Ap. 19:20; 20:10,14,15 y de la "perdición", de Ap. 17:8,11.

"Bajo el gobierno de un Dios infinitamente santo, justo, sabio y amoroso, obligado por su propia naturaleza y por el cuidado que tiene del universo a expresar su aborrecimiento hacia el pecado, la existencia del infierno es una necesidad (Ro. 6:23; 2 Ts. 1:6-11;

Ap. 20:11-15). Los que son castigados en el infierno son criaturas libres, responsables, pecadoras que han empleado mal el tiempo de prueba que se les ha concedido, y rechazado la gracia que Dios les ha ofrecido ... Parece que el grado de los tormentos será medido según el grado de la culpa (Mt. 10:15; 23:14; Lc. 12:47,48). Este castigo será eterno, como lo será también la felicidad en el cielo (Mt. 25:46)."[15]

7. *Creo que la salvación es por medio de la fe en Jesucristo y es aparte de obras.* Los testigos de Jehová creen que Jesús es el rescate del pecado, pero que la fe en él es solamente el primer paso hacia la salvación y no es la salvación misma. Se salva una persona conociendo las doctrinas de los testigos de Jehová, llevando una vida moral y participando en la divulgación de sus doctrinas. Pero la Palabra de Dios dice: "El que tiene al Hijo, tiene la vida" (1 Jn. 5:12). "Vosotros sois completos en él" (Col. 2:10). "Ninguna condenación hay para los que están en Cristo Jesús" (Ro. 8:1).

8. *Creo que no habrá una segunda oportunidad para ser salvo después de la muerte,* sino que "está establecido para los hombres que mueran una sola vez, y después de esto el juicio" (Heb. 9:27). Rechazo la enseñanza de que los inconversos serán resucitados antes del milenio y tendrán cien años para aceptar la doctrina de los testigos de Jehová, pues los pecadores serán resucitados después del milenio (Ap. 20:5), y serán juzgados inmediatamente (20:11-15).

9. *Creo que todos los creyentes serán resucitados corporalmente y no serán divididos en dos grupos:* "la manada pequeña" (144.000 o la iglesia de seres espirituales), y "la gran multitud" o "las otras ovejas", que serán resucitados corporalmente y se reproducirán en la tierra, durante toda la eternidad. La Iglesia del Señor consiste de todos "los santificados en Cristo Jesús, llamados a ser santos con todos los que en cualquier lugar invocan el nombre de nuestro Señor Jesucristo, Señor de ellos y nuestro" (1 Co. 1:2).

10. *Creo que Dios ha establecido gobiernos* y que los magistrados no son instrumentos del diablo, sino que son "servidores de Dios para nuestro bien" (Ro. 13:1-7). Debemos respetar nuestra bandera, votar en las elecciones, servir en las fuerzas armadas y aceptar otras obligaciones como ciudadanos. Recibimos los beneficios del Estado y nos corresponde cumplir con nuestros deberes civiles.

11. *Creo que los testigos de Jehová están perdidos, pues niegan la deidad de Jesucristo.* "Si confesares con tu boca que Jesús es el Señor . . . serás salvo" (Ro. 10:9). "Todo aquel que niega al Hijo, tampoco tiene al Padre" (1 Jn. 2:23).

EJERCICIOS

Llene los espacios o conteste brevemente.

1. a) El joven Carlos Russell adoptó las doctrinas de los
   _____. Su tema favorito era _____.
   b) Desde el principio, Russell estableció la pauta para
   divulgar sus doctrinas, la cual consistía en _____.
   c) Su obra literaria más importante fue _____.
   d) Descríbase, en tres palabras, el carácter de Russell.
2. Mencione una profecía de Russell, que no se cumplió.
3. ¿Cómo resolvió Rutherford el problema de la fracasada
   profecía de Russell?
4. Al exceder los 144.000 fieles la cantidad de los testigos de
   Jehová, Russell encontró una explicación hábil. Dijo que
   había dos clases de redimidos, los cuales son _____ y
   _____. Sólo los _____ irán al cielo pero los otros
   ocuparán la tierra _____.
5. El más importante logro de Rutherford era inspirar
   _____.
6. a) Según la doctrina de Russell, Cristo no es _____,
   sino una _____.
   b) El Espíritu Santo es nada más que _____.
   c) En la tierra, Jesús era un _____ y nada más.
   d) Fue resucitado en _____.
   e) Lo que Cristo redimió era la _____.
   f) La salvación es principalmente por _____.
   g) El alma no es _____; el hombre no tiene un alma,
   _____ un alma.
   h) La muerte es la _____ total del ser humano.
   i) El Hades _____ y el infierno consiste en _____.
   j) El "juicio de Dios" realmente significa dar a la gente
   resucitada _____.

   k) Los líderes ruselistas prohiben que los testigos _____
      la bandera y reciban _____.
   l) Piensan que los gobiernos son el vínculo visible entre el
      mundo y los _____.
7. Refutando a los testigos de Jehová.
   a) Menciónense dos maneras en que los testigos mal usan la
      Biblia.
   b) Al interpretar Juan 1:1 así: "la Palabra estaba con Dios, y
      la

      Palabra era *un dios*", los testigos enseñan un cierto con-
      cepto

      de Dios. ¿Es teísmo, monoteísmo o politeísmo?
   c) Escriba un versículo y su referencia (libro, capítulo y
      versículo) para refutar las siguientes herejías de los testigos
      de Jehová.
      • El alma (o espíritu) no existe después de la muerte
      • No habrá castigo eterno, pues el Hades es el sepulcro y
        el infierno consiste en los padecimientos de esta vida.

CITAS

1. Wilton M. Nelson, *Los testigos de Jehová, quiénes son y lo que
   creen*, edición revisada (El Paso: Casa Bautista de Publicaciones, 1984), pág. 15.
2. Walter Martin, *The kingdom of the cults* (Minneapolis: Bethany
   House Publishers, 1985), pág. 38.
3. *Watchtower*, 15 de noviembre de 1910, citado por Nelson, *op.
   cit.*, págs. 16-17.
4. Herbert Stroup, *The Jehovah's Witnesses* (New York: Columbia
   University Press, 1945), pág. 21, citado por Nelson, *op. cit.*,
   pág. 30.
5. Nelson, *op. cit.*, pág. 30.
6. Josh McDowell y Don Stewart, *Estudio de las sectas* (Deerfield:
   Editorial Vida, 1988), pág. 45.
7. *El reino está cerca* (Brooklyn: Watchtower Bible and Tract
   Society, 1943), pág. 507.
8. *La verdad os hará libres*, pág. 47.
9. *El reino está cerca, op. cit.*, págs. 46,47,49.

10. Carlos T. Russell, *Estudios en las Escrituras* II, págs. 129-130.
11. Citado por Nelson, *op. cit.*, pág. 107.
12. Josh McDowell, *op. cit.*, pág. 46.
13. Citado por Nelson, *op. cit.*, pág. 80.
14. *Traducción del nuevo mundo de las Santas Escrituras* (Brooklyn: Watchtower Bible and Tract Society, 1967), pág. 1445.
15. *Diccionario ilustrado de la Biblia*, Wilton Nelson, ed. (Miami: Editorial Caribe, 1977), pág. 299.

Capítulo 4

EL ESPIRITISMO Y EL OCULTISMO

D e todas las formas de religión, el espiritismo es la más antigua y la más condenada por Dios. El término espiritismo, se refiere a la creencia de que es posible comunicarse con el mundo invisible de los espíritus, incluso con los difuntos, y conseguir la orientación y ayuda de éstos. Se dice que la serpiente en el huerto de Edén fue el primer médium.

Las religiones de los antiguos egipcios, asirios y babilónicos, incluían elementos del ocultismo en sus ceremonias. Entre los cananeos y fenicios era común la práctica de la hechicería. En Grecia, los oráculos de Delfi eran famosos, no obstante su manera de anunciarlos. Erdman dice: "La inspiración de los agoreros y hechiceros griegos, se expresaba por medio de un frenesí que rayaba en lo salvaje y ellos se gloriaban en su absoluta locura. Proclamaban su oráculo como la profetisa Pitai con labios espumosos y cabellos en desorden."[1] Alejandro Magno solía consultar a los espiritistas antes de emprender sus campañas de conquista. Entre los romanos también era muy común la práctica de consultar a los muertos.

En la Edad Media había una verdadera plaga de adivinos, hechiceros, brujas y endemoniados. La Iglesia Católica Romana quemó a centenares de ellos en las hogueras de la inquisición. A través de los siglos, el espiritismo ha tenido una parte importante en las religiones de la China, el Tibet, la India, el Africa y los pueblos indígenas del Nuevo Mundo.

A. EL ESPIRITISMO MODERNO

Siempre hubo interés en el espiritismo, pero como una religión organizada, empezó en Hydesville, Nueva York, en el año 1848. En aquella fecha, Margarita y Catita Fox, hijas adolescentes de Juan D. Fox, aprendieron a recibir comunicaciones del supuesto espíritu de Carlos Rosna, hombre asesinado a los treinta y un años de edad. Escucharon un golpeteo extraño en su dormitorio y presenciaron la arrancadura de la ropa de la cama por manos invisibles y el mover de sillas y mesas de sus lugares. Las dos muchachas idearon un método de comunicarse con el espíritu, formulando preguntas. Éste respondía a través de chasquidos de dedos y de golpeteos. También se encontraron partes de un esqueleto en el sótano de la casa.

Estos sucesos fueron divulgados en todas partes y despertaron un avivamiento espiritista tan grande en los Estados Unidos y Europa que atrajo a personas de todos los estratos de la sociedad. Entre los convertidos distinguidos figuraban Arthur Conan Doyle, Oliver Lodge y Alfred R. Wallace. Puesto que la teoría darwiniana de la evolución y el liberalismo protestante habían deteriorado notablemente la fe cristiana, mucha gente estaba abierta al espiritismo. La cantidad de sus adeptos creció rápidamente, hasta alcanzar la cifra de 10.000.000.

John P. Dever enumera fenómenos vistos en sesiones espiritistas.

El ladeo de mesas, el tañimiento de instrumentos musicales, la levitación de diversos objetos e incluso del médium, la aparición de objetos en la atmósfera, la escritura por espíritus, la materialización y la profesión de médiums. Algunos médiums entran en un estado de arrebatamiento y se convierten en instrumento pasivo del espíritu, en tanto que otros informan sobre lo que oyen, o ven que hacen o dicen, unas figuras espirituales. El estado extático no se practica generalmente hoy. En las sesiones de materialización, se dice que una sustancia vaporosa llamada ectoplasma (que se define como "protoplasma exteriorizado") emana del cuerpo y de la boca del médium, formando una imagen. Por lo general los espíritus materializados no dan mensajes.[2]

Hay espiritistas que poseen facultades verdaderamente extraordinarias, como ubicar personas perdidas a cientos de kilómetros de distancia, indicar el lugar y la profundidad exacta donde encontrar agua, identificar objetos escondidos y realizar otras proezas semejantes. En el campo de la sanidad, se encuentran individuos muy bien dotados: José (Zé) Arigó, de Brasil (que extirpaba cataratas oculares sin anestesia, sin asepsia y valiéndose de un cuchillo de cocina); Tony Apgava, de las Filipinas (de quien se hacen filmaciones de operaciones realizadas sólo con las manos); Uri Geller, de Israel; Harry Edwards y Lucía Plattano, entre muchos otros.

Pero quizás los más solicitados son los monjes del templo Tupiara de Brasil. Estos aseveran que operan por medio de los espíritus. Hay que escribirles explicando la dolencia y ellos contestan dando instrucciones e indicando el día de "la intervención". En ciertos casos, los curanderos espiritistas tienen éxito. Reporteros del diario *El Mercurio*, preguntaron al espiritista sanador, Edgar Hyslop: "¿De dónde vienen, a su juicio, estos poderes?". El contestó: "Son dones venidos de afuera, y desarrollados por cada persona en sus distintas encarnaciones."[3]

Jaime Galté, profesor de la Escuela de Derecho de la Universidad de Chile y Valparaíso, muerto en 1965, es considerado por muchos espiritistas como el más grande médium que ha tenido Chile. No sabía de medicina, pero al caer en trance no sólo diagnosticaba, sino que recetaba incluso con remedios que todavía no salían al mercado chileno y era necesario encargarlos del extranjero. La explicación que se da es que mientras que Galté caía en trance, se encarnaba en él un cierto alemán que había ejercido en Bolivia.[4]

El espiritismo atrae a la gente por varios motivos. Un gran número de personas se convierten al espiritismo buscando en éste un entretenimiento muy divertido. En sus fiestas sociales se dedican a mover mesas con el poder de la mente, o a consultar a los espíritus con "tablas de ouija". Para esto apoyan los dedos ligeramente sobre una tablita y hacen una pregunta. La tablita contesta moviéndose hacia las letras en una tabla mayor, hasta deletrear la respuesta.[5] Al recibir contestaciones inteligentes muchos se convencen de que son los espíritus que actúan.

La mayoría de las personas que consultan a los espiritistas son parientes de difuntos y acuden buscando consuelo. En las sesiones oyen a veces una voz que les parece ser la del propio finado. Otras personas desean recibir la protección y ayuda sobrenaturales de espíritus o la curación de sus enfermedades. Algunas quieren saber lo futuro y otras recurren a hechiceros para que éstos o encanten o hechicen a otra persona. Sobre todo, son atraídas por las enseñanzas del espiritismo: "No hay dos mundos sino uno, el cual une todos los seres con memoria y amor a la vida; ni el conocimiento se pierde ni la personalidad se extingue; el espíritu del hombre es inmortal; el espiritismo conduce a Dios."

Los espiritistas han formado asociaciones semejantes a las de las denominaciones religiosas. Las principales son la Asamblea General de Espiritistas, la Alianza Espiritual Nacional de los Estados Unidos de América y la Asociación Espiritista Nacional de Iglesias. Esta última es la más grande y mantiene un seminario para la preparación de sus pastores. Se celebran cultos cantando, orando y recurriendo a los médiums.[6] En el año 1976, las asociaciones espiritistas de los Estados Unidos contaban con más de doscientas iglesias, diez mil miembros y doscientos ministros.[7] Desde luego, ejercen una influencia sobre un número mucho mayor que su membresía y hay también millares de espiritistas que practican independientemente el arte del ocultismo.

B. EL ESPIRITISMO EN AMÉRICA LATINA

La práctica del espiritismo y otras formas de ocultismo está bien establecida en algunos países de América Latina, especialmente en las naciones donde hubo una inmigración grande de africanos. Walter Martin, calcula que sólo en América del Sur hay más de cuatro millones de espiritistas,[8] sin incluir a los que son de otras religiones, pero frecuentan las actividades de ésos. En 1975 se celebró en Bogotá el primer congreso mundial de brujos.

La misionera Luisa Walker escribe que en Haití se encuentra el vuduísmo violento y primitivo traído por esclavos desde las selvas africanas. "En Cuba hay una gran variedad, desde la hechicería de los santeros hasta la forma refinada que pretende trabajar por obra del Espíritu Santo y se cree cristiana. Tanto en esta nación como en muchas partes de América Latina, el espiritismo se ha adaptado al catolicismo romano y emplea en sus ritos la cruz y las imágenes de los santos y de la virgen María."[9] En Guyana se ve el culto a las sirenas, las cuales, según su creencia, habitan en los ríos y en el mar.

Especialmente en Brasil, el espiritismo es muy fuerte y está profundamente arraigado. "Se ha convertido en la fuerza predominante en la amalgama existente entre el animismo africano y un catolicismo degenerado."[10] Una revista brasileña afirma que el setenta por ciento de los brasileños que se identifican como católicos romanos frecuentan centros espiritistas. La corriente africana se manifiesta en dos formas: el candomblé o vudú y el umbanda o quimbanda. Pablo Deiros las describe. "Ambas modalidades . . . no son muy diferentes entre sí en cuanto a sus creencias prácticas. El énfasis está en los ritos de iniciación, sacrificio, sincretismo ritual con el catolicismo romano y con prácticas religiosas de los amerindios precolombinos . . . El mayor crecimiento se ha dado en los medios urbanos. Hay más de ochenta sociedades confederadas y ciento veinte libres. Quinientas escuelas enseñan a más de trescientos mil adeptos."[11]

Argentina es otro país donde el espiritismo se ha desarrollado espectacularmente en las últimas tres décadas. Se calcula que hay más de 2.000.000 adeptos espiritistas. En ese país, el espiritismo ha tomado tres formas: la línea europea kardeciana o espiritismo científico tradicional, caracterizado por la intermediación mediúmica y la creencia en la reencarnación; la Escuela Científica Basileo (de origen argentino); y, personajes y grupos religiosos de corte espiritista. La línea kardeciana tiene un carácter pseudocientífico, que prescinde de toda manifestación religioso-litúrgica y enseña principios morales. Dentro de los grupos curanderistas se encuentra Jaime Press, "Manosanta iluminado", cuya fama es tan notoria como la de Zé Arigó en Brasil.[12]

C. LAS DOCTRINAS DEL ESPIRITISMO

Hay una variedad de doctrinas entre los espiritistas. El espiritismo se divide en varias formas: *el espiritismo común* (quiromancia, cartomancia, hidromancia y astrología); *el bajo espiritismo* (el inculto o paganismo sin disfraz, tales como las índoles africanas practicadas en Brasil y Haití); y *el espiritismo científico*, que pretende explicar sus fenómenos como algo racional. Nos interesa más esta última forma.

Los espiritistas organizados extraen muchas de sus enseñanzas de los escritos de Emanuel Swedenborg, Francisco Mesmer, Allan Kardec y Andrés Davis. El libro de Davis, *Las relaciones divinas de la naturaleza divina*, expresa los fundamentos del espiritismo. Se rechazan todas las principales doctrinas ortodoxas, tales como la inspiración y autoridad de la Biblia, la Trinidad y deidad de Jesucristo, su expiación por los pecados, su resurrección corporal y la de los creyentes. Allan Kardec (1804-1869), "el codificador de las creencias espiritistas", escribió muchos libros, los más famosos son: *El evangelio según el espiritismo, El libro de los médiums, El cielo y el infierno y Génesis*.

1. *La Biblia.* Los espiritistas no reconocen la Biblia como autoridad para la fe o doctrina. Basan sus enseñanzas sobre las revelaciones mediúmicas, pero señalan que la Biblia reconoce la realidad del espiritismo en los relatos acerca de Saúl y la pitonisa de Endor, y la transfiguración.

2. *Dios. El manual espiritista*, 1940, le describe como: "Inteligencia infinita que satura y controla el universo; es sin forma, impersonal, omnipresente y omnipotente." Recalcan el amor de Dios pero no mencionan su santidad, su justicia y su rol en la salvación del hombre. Para muchos espiritistas, Dios es un ser que sí existe pero "se encuentra demasiado lejos y se pierde en la distancia inconmesurable de un punto espiritual que mal podemos vislumbrar . . . Sólo se manifiesta por medio de intermediarios."[13]

3. *Jesucristo.* Lord Dowding, el cual abogaba por la causa del espiritismo, dijo que los espiritistas creen que Jesucristo era hijo de Dios, en el mismo sentido que nosotros somos hijos de Dios.[14] Según muchos espiritistas, Jesús es un espíritu muy puro y elevado. En la tierra era un gran médium. Los escritos de Kardec sobre

la ética, fueron influenciados por las enseñanzas de Jesús.

4. *El hombre*. Es un ser espiritual que evoluciona desde las bajas formas de vida, por un período de consciencia, hasta tener poderes morales y espirituales, los cuales sobreviven la muerte. Los espiritistas creen en la reencarnación. Clasifican los espíritus en cuatro categorías: imperfectos, buenos, superiores y puros. Según ellos, Jesús se ha desarrollado a la cumbre del progreso espiritual y es puro espíritu.

5. *La salvación*. El espiritismo nada sabe de la expiación de Cristo por los pecados ni de la gracia divina. Enseña que el hombre se perfecciona por la evolución espiritual, a través del sufrimiento y por la práctica de las buenas obras. No habrá un día de juicio, pero en esta vida o en la venidera, los malhechores tendrán que compensar por su mal comportamiento. La puerta para reforma, sin embargo, siempre queda abierta. No hay infierno, cielo ni diablo. "Dios es amor y amor es Dios."

6. *La posibilidad de tener comunicación con los espíritus de los difuntos*. A través de los médiums y otros medios de ponerse en contacto con los muertos, los espiritistas piensan que pueden tener comunión con el mundo de lo invisible.

D. LAS PRÁCTICAS DEL ESPIRITISMO

El espiritismo moderno toma varias formas. Algunas son las siguientes:

1. *La adivinación y la pronosticación*. El médium predice sucesos futuros o descubre cosas ocultas, comunicándose directamente con los espíritus o por medio de señales o agüeros. Algunos adivinos miran el hígado del ave sacrificada. Otros métodos son tirar las barajas para ver cómo caen (cartomancia), "leer" las hojas de té en el fondo de la taza, usar la tabla de ouija, o leer la suerte en la palma de la mano del cliente.[15]

2. *La necromancia o comunicación con los muertos*. Toma varias formas. Luisa Walker explica:

> A veces el médium es el único que ve al espíritu que se presenta, como en el caso de Samuel y Saúl. En este caso es él quien recibe el mensaje y se lo transmite al

cliente . . . En otros casos, el médium hace una materialización, es decir, logra que el espíritu se presente en forma visible para todos los presentes . . . A veces ni el médium ni el cliente ven al espíritu, pero éste toma posesión del médium y habla a través de él.[16]

Los espíritus a veces se presentan como personajes que han tenido éxito en ciertas materias en otras épocas y se ponen a la disposición del cliente para aconsejarle referente a su necesidad. Por ejemplo, un espíritu puede disfrazarse como un gran médico en su vida anterior y dar recetas, o como un comerciante, para orientar al cliente en cuanto a sus negocios.

Los que acuden a los espíritus para consejos frecuentemente son engañados y sufren grandes desgracias. Hasta Allan Kardec, el gran doctrinario del espiritismo, admite que hay "espíritus malos y burlones", que procuran engañar a los que tratan de ponerse en comunicación con ellos, incluso los que se complacen en "inducir a los hombres al mal con sus consejos pérfidos" . . . "Un médium de altas cualidades morales puede transmitir enseñanzas falsas y groseras" (*El libro de los médiums*, págs. 90, 115, 141-145, 247, 315). También hay casos conocidos en que había un complot entre el médium y el cómplice para estafar a la persona.

3. *La ventriloquía.* Aunque existen muchos casos en los cuales los médiums han engañado a personas con este conocido arte, el término ventriloquía, cuando es empleado en el espiritismo, se refiere a otra cosa; a la rendición de la lengua y de las cuerdas vocales del médium a un espíritu.

A veces el médium cae en un trance, o estado hipnótico, y está totalmente inconsciente de lo que sucede mientras el espíritu toma control de sus labios, lengua y cuerdas vocales y conversa con los que han pedido la consulta. La voz es idéntica a la del difunto a quien el espíritu representa y afirma ser.[17]

Lo que dice revela un conocimiento íntimo de toda la vida de esta persona, que el médium no puede haber tenido. A veces, las propias facciones del médium parecen irse transformando hasta presentar la misma apariencia y expresión del difunto. Los clientes quedan convencidos de que están conversando con sus seres queridos.[18]

4. *La hechicería.* Gran parte del público cree que la hechicería se refiere sólo a preparar maleficios contra una persona, pero sabemos que no se limita a esto. Consiste tanto en la magia negra (nigromancia) como la magia blanca, la cual se usa para beneficiar a las personas. En ambos casos, es un trabajo hecho bajo el control de los espíritus. Según algunos espiritistas, se obra por una fuerza latente en el hombre, pero otros la atribuyen, o a los "espíritus de luz" (la obra benéfica) o a los "espíritus oscuros" o malos (los maleficios). Una parte de la magia blanca puede "consistir en combatir a los espíritus malos y despojar a las víctimas de la brujería, o sea, librarlas de los malos efectos producidos por sus encantamientos o hechizos".[19]

Luisa Walker describe la hechicería.

Hay muchos distintos tipos de hechizos. ¡Cuántas señoritas acuden al hechicero, o a la hechicera, para que sus encantamientos les consigan el amor de determinado joven! ¡Y cuántas mujeres, abandonadas por sus esposos, van en busca de una venganza sobre "la otra mujer", que les ha quitado el marido!

A veces el brujo trabaja con un muñequito que representa al enemigo del cliente, metiéndole alfileres en las partes del cuerpo que deben ser afectadas por la maldición. Otras veces emplea el retrato de la persona, alguna prenda de ropa o cualquier objeto que tenga que ver con la persona, como recortes de uñas o de pelo. En estos casos hace sus encantamientos sobre estos objetos.

Algunos espiritistas trabajan con crucifijos, imágenes o estampas de santos y vírgenes, junto con toda clase de confecciones heredadas del animismo y vuduísmo.[20]

E. EVALUACIÓN DEL ESPIRITISMO

No cabe duda alguna de que hay poderes netamente humanos como telepatía e hipnosis, que parecen milagrosos. Los estudios en la percepción extrasensorial han demostrado que la mente puede, a veces, alcanzar más allá de sí misma para lograr información que los sentidos y la razón no pudieron conseguir. También hay evidencia de que ciertos espiritistas han recurrido a trucos o fraudes. Muchos investigadores objetivos, incluso científicos, sin embargo, han descubierto que hay manifestaciones espiritistas que no tienen explicación científica, son sobrenaturales. Existen seres invisibles que se comunican con los hombres y obran milagros.

¿Cuál actitud debemos adoptar ante el fenómeno de lo oculto? ¿Conviene recurrir a los adivinos para saber el futuro? ¿Recibiremos consuelo en sesiones espiritistas consultando a los muertos? ¿Vale la pena buscar la curación de nuestras dolencias yendo a los curanderos espiritistas?

1. *Lo que enseña la Biblia referente al espiritismo*. Hablando a su pueblo por Moisés, Dios expresa su actitud hacia toda práctica espiritista y de la magia.

> No sea hallado en ti quien haga pasar a su hijo o a su hija por el fuego, ni quien practique adivinación, ni agorero, ni sortílego, ni hechicero, ni encantador, ni adivino, ni mago, ni quien consulte a los muertos.
> Porque es abominación para con Jehová cualquiera que hace estas cosas, y por estas abominaciones Jehová tu Dios echa estas naciones de delante de ti.
>
> Deuteronomio 18:10-12

Según este pasaje, estas prácticas son condenadas y prohibidas categóricamente. El pueblo de Dios no ha de recurrir a semejantes practicantes de lo oculto para recibir información, dirección o revelación. Más bien, debe escuchar a los verdaderos mensajeros de Jehová, los profetas (Dt. 18:14-22). Además, se prohíbe que los israelitas sean agoreros o adivinos (Lv. 19:26b). Dios mismo amenaza al que acuda a "encantadores o adivinos"; pondrá su rostro contra tal persona, y la cortará de entre su pueblo (Lv. 20:6).

Los espiritistas pretenden encontrar apoyo bíblico para consultar a los muertos, citando el relato acerca del rey Saúl y la pitonisa de Endor. Pero, ¿qué dice la Biblia acerca de este episodio? En 1 Crónicas 10:13 leemos: "Así murió Saúl por su rebelión con que prevaricó contra Jehová, contra la palabra de Jehová, la cual no guardó, y porque consultó a una adivina."

2. *La evidencia contra el espiritismo.* ¿Se puede establecer una verdadera comunicación con un ser fallecido a través del espiritismo? Los espiritistas creen que se comunican con los espíritus desencarnados de difuntos, pero, ¿no son engañados por demonios, los cuales se hacen pasar por los muertos a fin de apartar a las personas de Dios y tenerlos bajo su propio control? La respuesta parece ser que sí.

El gran psicólogo norteamericano, William James, pensó hacer una prueba definitiva para determinar si los espíritus de difuntos podían comunicarse a través de médiums. Poco tiempo antes de morir preparó un documento y lo entregó sellado a un grupo de científicos. Les dijo que después de morir, haría toda clase de esfuerzos para comunicar el contenido de dicho documento a una buena cantidad de médiums, con el propósito de que éstos transcribieran la comunicación al referido grupo.

Al morir James, centenares de médiums de diversas partes del mundo testificaron que habían recibido mensajes de él y enviaron al comité documentos sellados que obraban en poder del grupo de científicos. Los documentos supuestamente dictados por James a los médiums, se contradecían entre sí y ninguno de los presentados se aproximaba siquiera al contenido del escrito dejado por él.[21]

Hay otros casos, en que famosos hombres como F.W.H. Myer y Harry Houdini (el gran mago), prepararon pruebas para usar después de morir, pero ninguna de éstas dio resultado. Los comunicados que los médiums espiritistas habían atribuido a estos dos hombres eran completamente falsos.

La parábola del rico y Lázaro (Lc. 16:19-31), indica que los difuntos no pueden comunicarse con los vivos; están en el Hades, la habitación o cárcel de los muertos. Ahora los creyentes, al morir, van directamente al cielo para "estar con Cristo"

(Fil. 1:23) y "descansar de sus trabajos" (Ap. 14:13). Allí esperan el día de la resurrección.

Pero, dicen los espiritistas, el espíritu desencarnado del profeta Samuel realmente apareció ante la adivina de Endor (1 S. 28:3-25). La Biblia dice claramente: "Samuel dijo a Saúl" (vs. 15). Admitimos que tienen razón. Hasta el mensaje mismo del espíritu de Samuel era conforme a la Palabra divina. ¿Cómo, pues, podemos decir que fue un demonio personificando a Samuel?

Hay ciertas indicaciones de que Dios envió a Samuel a Saúl en una misión especial, para pronunciarle a éste su justo castigo; de manera que fue una excepción a la regla general. Lo que vio la pitonisa era algo insólito, algo que le espantó. No era como las otras consultas a los espíritus. Además, Samuel protestó por ser inquietado, teniendo que volver a la tierra (1 S. 28:15).

Referente a la aparición de Moisés y Elías en el monte de la transfiguración, nuevamente señalamos que Dios dejó estar vigente la comunicación de los muertos con los vivos. Se nota, sin embargo, que Elías nunca había fallecido, y muchos opinan que Moisés había sido resucitado y apareció con su cuerpo glorificado. Además, la Biblia los llama "varones" y no "espíritus".[22]

¿Cómo es que los espíritus que se comunican con los espiritistas o personas consultando a los médiums, saben detalles muy íntimos de la anterior vida terrenal de los muertos? Es que los demonios son buenos observadores y es probable que, siendo espíritus, no olvidan nada de lo que vean y escuchen. También, son imitadores muy hábiles y se disfrazan, como los espíritus desencarnados de los seres queridos de la persona.

Personas que acuden a los adivinos y médiums, no solamente desobedecen a Dios sino también a menudo son controladas y aun posesionadas completamente por demonios; abren la puerta al diablo y sus secuaces. El enemigo del hombre otorga poderes a los espiritistas, para luego utilizarlos para desviar a otros del camino verdadero.

Luisa Walker señala algunas consecuencias de las doctrinas y prácticas del espiritismo.[23]

Colapso nervioso y mental. La bendición del Espíritu Santo sobre una persona le da refrigerio, reposo y renovación de sus fuerzas físicas. En cambio, después de una sesión espiritista, el médium se encuentra agotado física y mentalmente. Según el testimonio de varias personas que eran médiums, el sistema nervioso no puede soportar por mucho tiempo la tensión que se le impone, y hay una buena porción de médiums que sufren colapsos nerviosos y mentales.

Celos e inmoralidad. Puesto que a los espíritus malos les gusta destruir la felicidad humana, a veces los mensajes a una mujer casada le aseguran que su esposo le es infiel, para sembrar la discordia en la familia. Otros recomiendan el amor libre, burlándose del carácter sagrado del matrimonio.

Suicidio. Muchos suicidios se han cometido como resultado de mensajes de los espíritus. El que imita al ser querido difunto, le asegura a la novia o a la viuda que la vida de ultratumba es bella y feliz. Lo único que le falta al difunto, para colmar su felicidad, es que se le una en ese paraíso la persona con quien habla. El resultado es un suicidio más.

El autor de este estudio recuerda un episodio trágico de un pastor campesino en Bolivia, que estaba muy enfermo. Le faltaba la fe suficiente para recibir la sanidad divina. En la desesperación recurrió a un curandero espiritista en su pueblo. Instantáneamente, se volvió loco, saltando y gritando horriblemente con el dolor. Pronto cayó muerto. Como consecuencia del escándalo, su congregación sufrió el oprobio y rechazo de toda la comarca y por poco se deshizo en el acto.

Para mucha gente sumida en congoja, personas sin Dios, sus días son tan oscuros como una noche sin luna ni estrellas. Sienten la fría oscuridad y anhelan luz para la noche. Satanás y los brujos, el infierno y los demonios, los horóscopos y tableros de ouija, les ofrecen un poco de luz, pero es engañadora. Solamente les guiarían a sumergirse en tinieblas más densas, y en dolor serán sepultados. Que hagan caso de la voz del profeta: "Si os dijeren: Preguntad a los encantadores y a los adivinos, que susurran hablando, responded: ¿No consultará el pueblo a su Dios? ¿Consultará a los muertos por los vivos?" (Is. 8:19).

Cristo, "el sol de justicia", ha amanecido y trae salvación en sus alas. "El pueblo que andaba en tinieblas vio gran luz; los que moraban en tierra de sombra de muerte, luz resplandeció sobre ellos" (Is. 9:2). "En él (Cristo) estaba la vida, y la vida era la luz de los hombres" (Jn. 1:4).

F. ¿POR QUÉ YO COMO EVANGÉLICO NO RECURRO A ESPIRITISTAS?

1. *Porque tengo a un Dios todopoderoso, que es el Padre celestial, a quien puedo acudir en los momentos de necesidad y angustia.* No es un Dios alejado del hombre, como enseñan los espiritistas. Dios es "nuestro pronto auxilio en las tribulaciones".
2. *Porque no tengo que consultar a los adivinos que susurran ni a los espíritus, para saber las cosas del futuro y de la vida de ultratumba.* "Tenemos la palabra profética más segura, a la cual hacéis bien en estar atentos, como a una antorcha que alumbra en lugar oscuro, hasta que el día esclarezca y el lucero de la mañana salga en vuestros corazones" (2 P. 1:19). "¿No consultará el pueblo a su Dios?" (Is. 8:19)
3. *Porque es imposible en este mundo ponerse en contacto con los espíritus desencarnados de nuestros seres queridos que han fallecido.* La parábola del rico y Lázaro nos enseña que los muertos no pueden volver a este mundo hasta que llegue el día de la resurrección. Son demonios disfrazados como los muertos, que se manifiestan en las sesiones espiritistas. No acudiré a las fuerzas de las tinieblas y enemigos de Dios.
4. *Porque no se puede confiar en las profecías, consejos y palabras de adivinos y agoreros.* Cuentan muchas cosas erróneas que no pasan.
5. *Porque si uno se pone en contacto con espiritistas o trata de consultar a los muertos por los tableros de ouija, es posible que el demonio entre en uno o le aflija en su vida.*

6. *Porque el practicar la adivinación, necromancia y hechicería está categóricamente condenado y prohibido en la Biblia. (Dt. 18:10-12; Is. 8:19).*

EJERCICIOS

A. Verdadero o Falso (escriba "V" o "F")

____1. La magia blanca tiene la intención de beneficiar a personas.

____2. El espiritismo sostiene que el hombre es un producto de evolución.

____3. Por la "ventriloquía espiritista", los médiums engañan a sus clientes echando su voz para que parezca ser la de un difunto.

____4. Los espiritistas no niegan la existencia de Dios pero dicen que está lejos y no se comunica directamente con los seres humanos.

____5. La mayoría de la gente que acude al espiritismo lo hace para que el espiritista hechice a sus enemigos.

B. Llene el espacio en blanco o conteste brevemente.

1. Muchos de los curanderos famosos atribuyen sus poderes sobrenaturales a la _____.

2. Los espiritistas consideran que Jesucristo es _____ puro, un gran médium.

3. a) Los evangélicos emplean la parábola de _____ para probar que los muertos no pueden comunicarse con los vivos.

   b) Explican que el espíritu desencarnado de Samuel fue _____ por _____ al rey Saúl para pronunciarle su juicio.

   c) Es probable que Moisés fue _____ antes de que apareciera con Elías en el monte de la transfiguración.

4. Los evangélicos creen que los espíritus que se comunican con los vivos en las sesiones espiritistas son realmente _____.

C. Emparejamiento.

_____ 1. Famoso curandero espiritista de Brasil

_____ 2. Codificador de la doctrina espiritista

_____ 3. El más poderoso espiritista de Chile

_____ 4. Famoso mago que preparó una prueba para ver si podía comunicarse con su señora después de morir.

_____ 5. Espiritismo en Argentina

_____ 6. Espiritismo en Haití

_____ 7. Espiritismo en Brasil

_____ 8. Negromancia

_____ 9. Espiritismo en Guyana

_____10. Operaciones a larga distancia

a) La Escuela científica de Basileo
b) Vudú
c) Contacto con los muertos
d) Candomblé y Umbanda
e) Sirenas de los ríos
f) Allan Kardec
g) Los monjes del Templo Tupiara
h) Zé Arigó
i) Jaime Galté
j) Houdini

CITAS

1. Charles Erdman, *La primera epístola de San Pablo a los Corintios* (Miami: Editorial Caribe, 1959), pág. 149.
2. John Dever, "Espiritismo" en *Diccionario de historia de la iglesia*, Wilton Nelson, ed. (Miami: Editorial Caribe, 1989), pág. 406.
3. *Revista del Domingo, El Mercurio*, Santiago Chile, 24 de abril de 1983, pág. 7.
4. *Ibid.*
5. Luisa J. Walker, *¿Cuál camino?* (Deerfield: Editorial Vida, 1981), pág. 151.
6. John Dever, *op. cit.*, pág. 406.
7. Walter Martin, *The kingdom of the cults*, (Minneapolis: Bethany House Publishers, 1985), pág. 227.

8. *Ibid.*
9. Walker, *op. cit.*, pág. 150.
10. *Ibid.*
11. Pablo A. Deiros, "Espiritismo en América Latina" en *Diccionario de historia de la iglesia, op. cit.*, pág. 407.
12. *Ibid.*, págs. 407-408.
13. J. Cabral, *Religiones, sectas y herejías* (Deerfield: Editorial Vida, 1982), págs. 95-96.
14. Lord Dowding, *Mansions;* pág. 107, citado en Martin *Kingdom of the cults, op. cit.*, pág. 241.
15. Walker, *op. cit.*, pág. 153.
16. *Ibid.*, pág. 155.
17. *Ibid.*, pág. 157.
18. *Ibid.*
19. *Ibid.*, pág. 159.
20. *Ibid.*, págs. 159-160.
21. Samuel Vila, *El espiritismo y los fenómenos metafísicos* (Barcelona: Editorial CLIE, 1978), pág. 108.
22. Walker, *op. cit.*, pág. 176.
23. *Ibid.*, pág. 168.

Capítulo 5

LA ASTROLOGÍA

Aunque se considera desde hace mucho tiempo que la astrología es una seudociencia, hoy en día existe más gente que nunca que la toma en serio. Comienzan el día tomando una taza de café y leyendo en su periódico favorito las predicciones del horóscopo. Quieren saber si el día será favorable para hacer compras, emprender un negocio o pedirle al jefe un aumento de salario.

Hace pocos años el mundo occidental se escandalizó al saber que el presidente Ronald Reagan, de los EE.UU., a menudo recurría al horóscopo para determinar el momento propicio para actuar en asuntos importantes de estado. Se calcula que en el hemisferio del norte hay 200.000 personas que dedican parte de su tiempo a la astrología y 10.000 que son astrólogos de tiempo completo. Esta "lucrativa explotación de la credulidad humana" crece fantásticamente también en América Latina. Casi todos los diarios y revistas del nuevo mundo incluyen en sus publicaciones un espacio dedicado a los signos y predicciones del horóscopo. Hasta las grandes universidades ofrecen materias sobre el tema.

A. DEFINICIÓN

¿Qué es la astrología? El término proviene del griego *astron* (astro) y *logos* (discurso). Es el arte de adivinación, que pretende explicar y predecir el curso de los acontecimientos terrenales, observando los movimientos de los planetas. Asevera que se puede establecer una correlación de causa y efecto entre los fenómenos observados en la bóveda celestial y el comportamiento de los hombres, que los astros

influyen en el curso de los sucesos y destino humanos.
J. Cabral añade más detalles:

> Afirma que la posición de los cuerpos celestes en un momento dado (o en el momento de nacer la persona), condiciona el futuro de modo favorable o desfavorable. La vida se vuelve entonces previsible y predecible, mediante el estudio del cielo. Todo llega a depender de la exacta configuración del firmamento a la hora del nacimiento del ser humano, que es la base del horóscopo.[1]

Según los astrólogos, el temperamento, la personalidad, las inclinaciones psíquicas y aun el destino de cada persona, dependen del astro zodiacal bajo el cual nace, y de los aspectos de los planetas. Por ejemplo, las personas que nacen en fechas entre el 23 de noviembre y el 21 de diciembre supuestamente son aptas para ser teólogos o cómicos.

Los planetas en el esquema astrológico desempeñan un papel o para bien o para mal.

> La astrología afirma que existen planetas maléficos, como Urano, que causa la muerte por catástrofes repentinas; Neptuno, por asesinatos; Saturno, por golpes y caídas . . . Existen también los planetas benéficos, como Júpiter y Venus, el Sol y la Luna, que producen buenos efectos cuando están en determinada posición.[2]

B. HISTORIA Y DESARROLLO DE LA ASTROLOGÍA

El arte de adivinar el futuro, sobre la base de la posición de los cuerpos astrales, se remonta al origen de las civilizaciones en el Medio Oriente. Los sumerios, caldeos, babilonios y asirios, la practicaban junto con la magia y el espiritismo. Los caldeos edificaban grandes templos, incluso los zigurats (grandes torres escalonadas). Desde lo alto de esas torres los sacerdotes adivinos observaban los movimientos de los planetas en el cielo. Creían que estos cuerpos celestiales eran seres sobrenaturales que ejercían una influencia benéfica o maléfica sobre los hombres y naciones.

Los caldeos daban importancia a cinco planetas, además al sol y a la luna, poniéndoles los nombres de sus dioses: Júpiter-Marduc; Mercurio-Nebo; Saturno-Adar; Venus-Ishtar; Marte-Negal; Luna-Sin; Sol-Shamash. Así nació el movimiento anual y aparente del sol y de los planetas. El zodíaco consistía en el conjunto de las doce "moradas del cielo", en las cuales el sol entraba sucesivamente durante el año. Los doce signos eran gobernados por los dioses que influían sobre los meses.[3]

Las doce moradas del cielo se diferencian entre sí en tres aspectos. (a) Su poder depende de su posición; la más poderosa sería la que contiene las estrellas que están por ascender. (b) Las moradas difieren en sus asuntos, los cuales son: vida, riquezas, hermanos, padres, hijos, salud, matrimonio, religión, divinidades, amigos y enemigos. (c) Cada morada corresponde a su respectivo planeta, el cual cuando está en la morada, tiene su propio carácter e influencia, para bien o para mal. Al asignar tres moradas del cielo a las cuatro edades de la persona cuyo horóscopo se prepara, y al fijarse en las configuraciones de los planetas, el astrólogo tiene el medio para predecir su futuro.[4]

Gama Leite cuenta del origen de las figuras en el zodíaco.

> La fantasía de los caldeos veía figuras de animales en los agrupamientos de estrellas que no se movían en el cielo: eran las doce constelaciones, de las cuales tenemos algunos nombres inscritos en las antiguas tablillas: Tauro, Géminis, Leo, Libra, Cáncer y Piscis. El precio del trigo, por ejemplo, era determinado por la posición de la balanza celeste (Libra), que dominaba en la época de las cosechas. La época de la pesca era determinada por el brillo de la constelación de Piscis.[5]

Así los caldeos antiguos asentaban los cimientos de la astrología y también de la astronomía. Hacían innumerables observaciones matemático-astronómicas con relación a los cuerpos celestiales. También hicieron la división del círculo en 360 grados, basado en el valor aproximado del movimiento del sol entre las constelaciones. Sin embargo, no distinguían entre la astronomía como ciencia y la superstición. Los astrólogos profesionales hacían horóscopos y predecían la suerte de individuos y de la comunidad en general. Elaboraron calendarios de los días propicios y vigilaban continuamente los sucesos para predecir calamidades públicas y políticas.

Parece que este arte pasó a Egipto, donde la magia y la religión estaban íntimamente unidas, aunque hay eruditos que creen que los egipcios ya conocían las leyes astronómicas que gobiernan los movimientos de los astros. La gran pirámide de Keops, construida alrededor del 2.600 a.C., demuestra que tenían conocimientos astronómicos precisos en las épocas tempranas de su historia.

La astrología no llegó a Grecia hasta cerca de cuatrocientos años antes de Cristo. Los griegos asimilaban con gran facilidad las prácticas mágicas y astrológicas de Caldea y Egipto. No queda duda alguna de que, a consecuencia de las conquistas militares de Alejandro Magno, la astrología se extendió rápidamente en la cuenca mediterránea. A partir del segundo siglo antes de Cristo, influyó sobre todo el mundo intelectual y seguía influyendo hasta la época de Newton. Todavía ejerce gran influencia en muchos países como China, India, Ceilán y Brasil.

Los descubrimientos del siglo dieciséis de los astrónomos Tycho Brahe, Johannes Kepler, Nicolas Copernicus y Galileo Galilei, por poco dieron un golpe mortal a este antiguo arte. Demostraron que el sistema del universo no era geocéntrico (la tierra es el centro del universo) como pensaban los astrólogos sino heliocéntrico (la tierra gira alrededor del sol) y la luna es solamente un satélite. Los astrólogos modernos siguen usando la tierra como el centro de sus figuras astrológicas, afirmando que su sistema es antropocéntrico (el hombre como centro del universo).

Los astrólogos ingleses Robert Fludd y William Lilly, sin embargo, dieron nuevo ímpetu a la astrología con profecías acertadas. Predijeron la gran plaga de Londres, el incendio de aquella ciudad y la muerte de Charles I. Pero con la obra del científico Isaac Newton, se separó la astronomía de la astrología, y este arte pasó a las manos de los charlatanes.

C. EVALUACIÓN DE LA ASTROLOGÍA

Es un hecho conocido científicamente que hay la interrelación del orden natural y que la posición de los planetas puede afectar físicamente a la tierra, especialmente en la esfera de gravedad. Por ejemplo, la conjunción de los planetas mayores puede desencadenar terremotos.[6] Sin embargo, "la idea básica sobre la cual se fundamenta la astrología — que los astros tienen influencia o determinan las actividades humanas — ha sido rechazada por los científicos serios".[7]

La astrología no es científica por las siguientes razones.

1. *Los astrólogos emplean solamente cinco planetas, como hacían los antiguos, y pasan por alto tres mil astros que se ven a simple vista y varios millones observables con el telescopio.* Además, los cuerpos celestes están millones de kilómetros distantes de la tierra. ¿Es lógico que afecten la conducta de los hombres?

2. *Los astrólogos siguen haciendo sus pronósticos sobre el sistema geocéntrico, el cual es científicamente obsoleto.* El sol no gira alrededor de la tierra sino que es la tierra que gira alrededor del sol.

3. *No basan sus pronósticos sobre principios científicos.* Gama Leite observa.

> La astrología no posee conocimientos adquiridos a través del descubrimiento de las leyes objetivas. Su objeto son las especulaciones, las predicciones generalizadas y obvias, y las probabilidades por la observación. La astrología es el arte de adivinación y no una ciencia.[8]

4. *Estudios y resultados estadísticos contradicen la idea de la astrología, de que las personas nacidas bajo determinado signo tienen más probabilidades de alcanzar el éxito en ciertas profesiones.*

> Un estudio hecho a dos mil músicos reveló que éstos eran de diferentes signos. El capítulo titulado "Hombres de ciencia" del libro ¿*Quién es quién?*, muestra que los científicos nacen en todas las épocas del año y no solamente en determinado período, como quisieran los astrólogos.[9]

5. *Las profecías de los astrólogos a menudo no se cumplen y las que se cumplen reflejan la influencia de las otras artes ocultas.* Es obvio que Nostradamus, astrólogo francés del siglo dieciséis, tuvo un notable conocimiento profético pero es dudoso que lo recibiera del estudio de la astrología. Cuando era joven aprendió a manejar el

astrolabio, el cual era un recipiente lleno de agua, en que el observador miraba detenidamente hasta que el agua se volviera turbia y aparecieran en ella señales del futuro.[10]

Son muchas las predicciones fallidas de famosos astrólogos. Contamos algunas. Jeanne Dixon, una de las más respetadas columnistas de astrología en los EE.UU., anunció lo siguiente.[11]

a) Que la tercera guerra mundial sucedería en 1958.

b) Que China comunista sería admitida en la Organización de las Naciones Unidas en 1958, algo que sucedió trece años después de la fecha predicha.

c) Que Jacqueline Kennedy no se casaría nuevamente. Esta contrajo matrimonio con Onasis veinticuatro horas después de la predicción.

Omar Cardoso, astrólogo muy conocido en Brasil, en una entrevista para un diario de Sao Paulo, en 1968, hizo muchas predicciones falsas. Consideremos algunas.[12]

a) Que el Papa Paulo VI moriría de infección de los riñones en 1968; este falleció en 1978.

b) Que el general Charles de Gaulle, de Francia, sería asesinado en 1968. Este falleció de muerte natural en 1970.

c) Que Londres y Tokio desaparecerían totalmente en 1973.

6. *No existe evidencia alguna de que los astros influyen en la formación del carácter y la personalidad.* Sociólogos señalan que estos rasgos son determinados por los genes, el medio ambiente y la decisión de la persona. Las pretensiones de los astrólogos de que basan sus predicciones sobre hechos observados en el universo, son sólo una máscara científica usada para engañar y explotar a la gente crédula y supersticiosa.

La Biblia habla categóricamente contra la práctica de este arte. En los tiempos antiguos, la astrología era una forma de idolatría y adivinación, las cuales eran terminantemente prohibidas en la Biblia. Moisés exhorta a los hebreos:

> No sea que alces tus ojos al cielo, y viendo el sol y la luna y las estrellas, y todo ejército del cielo, seas impulsado, y te inclines a ellos y les sirvas
>
> Deuteronomio 4:19

El profeta Isaías señala la tontería de buscar ayuda en los astrólogos de su época.

Comparezcan ahora y te defiendan los contempladores de los cielos, los que observan las estrellas, los que cuentan los meses, para pronosticar lo que vendrá sobre ti. He aquí serán como tamo; fuego los quemará, no salvarán sus vidas del poder de la llama.

Isaías 47:13,14

Jeremías profetizó que los cadáveres de los reyes, príncipes y sacerdotes que practicaban el culto astral, serían profanados: "Los esparcirán al sol y a la luna y a todo el ejército del cielo, a quienes amaron y a quienes sirvieron . . . a quienes preguntaron . . . Serán como estiércol sobre la faz de la tierra" (Jer. 8:2).

Este fue el insulto supremo a los que habían consultado a los astrólogos y prestado culto a los astros. Repetidamente Jehová había prohibido en el Pentateuco que Israel lo practicara. Dios es nuestro Guía infalible y en su mano están nuestros tiempos (Sal. 31:15).

D. ¿POR QUÉ YO COMO EVANGÉLICO NO ACUDO A LOS ASTRÓLOGOS?

1. *La astrología es una forma de ocultismo; proviene de antiquísimas religiones paganas y todavía es sólo una superstición, sin fundamentos científicos y racionales.* Los espiritistas emplean este arte como un medio de adivinar.

2. *La astrología, al igual que otras formas de adivinación, es un sustituto directo de la Biblia y de la dirección del Espíritu Santo.*

3. *No son los astros sino Dios, que gobierna el universo.*

4. *Los cuerpos celestes no son mensajeros de Dios, como enseñan los astrólogos, sino anunciadores de su existencia, poder y sabiduría* (Sal. 19:1: "Los cielos cuentan la gloria de Dios").

5. *La astrología presenta un concepto inadecuado del hombre.* Según los astrólogos, el hombre es poco más que un robot en un universo mecanizado. Si el zodíaco determinara los eventos, entonces serían falsas las doctrinas bíblicas del libre albedrío y la responsabilidad del hombre.

6. *La astrología es una vasta empresa comercial,* que se aprovecha

de la curiosidad de conocer el futuro, de la inseguridad y de la angustia del hombre, a fin de llenar los bolsillos de los charlatanes profesionales.

Cuando soplan los vientos fríos de adversidad, la gente se pone desesperada y procura calentarse junto a los fuegos extraños de la astrología. Sin embargo, no averigua referente a quién echa leña sobre el fuego, ni cuál es el combustible, ni quiénes son los que también se agrupan alrededor de las llamas.

La Biblia nos advierte que tal consuelo es desilusionador y que hay un fuego de juicio que destruirá todo lo que es una abominación al Señor. Oremos, que las obras de las tinieblas sean expuestas y que muchas personas esclavizadas con las cadenas de astrología sean rescatadas como tizones arrebatados del incendio.

EJERCICIOS

Llene los espacios o conteste brevemente.

1. a) La astrología pretende señalar la relación entre los movimientos de los _____ y el _____ humanos.
   b) La posición de los astros en el momento del _____ de la persona, supuestamente determina el futuro de ésta.
   c) Esto es la base del uso del _____.
2. Según los astrólogos, cada planeta ejerce una influencia o para bien o para mal. ¿Cómo se llaman las dos clases de planetas?
   - Planetas _____
   - Planetas _____
3. a) Los _____ se destacaban por desarrollar la astrología en el Medio Oriente.
   b) Pusieron los nombres de sus _____ a cinco planetas, al sol y a la luna.
   c) El _____ de _____ se llama el zodíaco.
4. a) Hasta el siglo dieciséis, los astrólogos pensaban que el sistema del universo era _____ pero astrónomos como Kepler, Copérnico y Galileo demostraron que es realmente_____.
   b) Su descubrimiento separó la _____ de la _____.
5. Señale cuatro debilidades de la astrología.

CITAS

1. J. Cabral, *Religiones, sectas y herejías* (Deerfield: Editorial Vida, 1982), pág. 34.
2. Tácito de Gama Leite, *¿Ciencia, magia o superstición?* (Deerfield: Editorial Vida, 1987), pág. 88.
3. *Ibid.*, págs. 17,19.
4. *Funk and Wagnalls Standard Reference Encyclopedia,* tomo I, Joseph L. Morse, ed., (New York: Standard Works Publishing Company, Inc., 1963), pág. 742.
5. Tácito de Gama Leite, *op. cit.*, pág. 19.
6. *Diccionario de historia de la iglesia,* Wilton Nelson, ed. (Miami: Editorial Caribe, 1989), págs. 98-99
7. Gama Leite, *op. cit.*, pág. 83.
8. *Ibid.*, pág. 123.
9. *Ibid.*, pág. 124.
10. *Ibid.*, pág. 36.
11. *Ibid.*, págs. 126-127.
12. *Ibid.*

Capítulo 6

EL SATANISMO

Mucha gente no está dispuesta a aceptar la idea de que algunas personas adoren a Satanás en estos sofisticados años de fines del siglo veinte. Pero los medios masivos de comunicación informan diariamente al público acerca de cosas extrañas relacionadas con las sectas satánicas: reuniones clandestinas en las cuales sus adeptos adoran al maligno, mutilan o sacrifican animales y hasta bebés, y realizan orgías de sexo. Les acusan de exhumar y robar cadáveres en los cementerios y bailar allí a la luz de la luna llena; profanar templos, raptar y abusar de niños, y aun asesinar ritualmente a personas ajenas de su grupo. Aunque estos actos de violencia raramente suceden, sí ocurren.

Los satanistas excluyen de sus cultos a todos, salvo a sus propios miembros, pero se encuentran sus dibujos en las paredes de edificios abandonados, donde suelen tener sus reuniones. Se esbozan figuras de Satanás, signos misteriosos y dibujos blasfemos y pornográficos. Algunos de sus adeptos llevan símbolos satánicos en su ropa y una cruz invertida en la mano (para indicar la derrota de Cristo). Recalcan la muerte como algo deseable.

Puesto que los adoradores de Satanás mantienen en estricto secreto sus actividades, es imposible saber la cantidad de sus adeptos y verificar sus actos de violencia. Sin embargo, es obvio que están, tanto en nuestro continente como en Europa occidental y América del Norte. Estos cultos están creciendo aceleradamente. Por ejemplo, un reportero evangélico en Buenos Aires asevera: "Satanismo, el culto o servicio al diablo, existe en la Argentina y es la más peligrosa expresión de ocultismo." Fuentes fidedignas en Chile señalan que hay alrededor de ciento cincuenta grupitos satánicos, sólo en la ciudad norteña de Antofagasta.

A. EL CARÁCTER DEL SATANISMO

1. *Definición.* ¿Qué es el satanismo? Consiste en creer en Satanás, invocar su nombre y adorarle. Humberto Lagos, un sociólogo y abogado que asesora al gobierno de Chile referente a los asuntos religiosos, define las sectas satánicas como "grupos anarco-religiosos reunidos en torno a una adoración sistemática de mal representado en el demonio, en Satanás". Sin embargo, el concepto de lo que es Satanás, varía según la secta particular que le rinde culto. Algunas definiciones son: (a) un poderoso ser personal; (b) una fuerza o energía impersonal; (c) un símbolo religioso, que representa el mundo material, la naturaleza carnal del hombre o simplemente el ego del hombre.[1]

Aunque todas las prácticas ocultistas son diabólicas, hay cultos explícitamente satánicos. En general, estos grupos rinden culto a Satanás, se dedican a las artes mágicas (especialmente a la magia negra), la instintividad y el deseo en todas sus formas pasionales, el desorden y la perversión. Los satanistas son diferentes de los espiritistas en su reconocimiento de Satanás, su entrega y culto a él. Éstos ni creen en la existencia del diablo, ni mucho menos le invocan o le prestan culto.

2. *Rebelión contra Dios; indulgencia de la carne.* Esta religión toma varias formas, aunque se expresa por rituales mágicos y es la esencia de toda idolatría. En efecto, es rebelión contra la idea de que las pasiones y deseos humanos deben someterse al intelecto y a la voluntad de Dios. Es lo contrario de la exigencia de Cristo: "Niéguese a sí mismo, tome su cruz y sígame." Es el intento de ligarse con las fuerzas de las tinieblas, a fin de poseer poderes sobrenaturales, especialmente para hacer daño a los enemigos y explotar sexualmente a personas codiciadas por el satanista.

En contraste con el cristianismo, el primer principio satánico mencionado en la *Biblia Satánica* es la indulgencia. Ésta dice: "Los siete pecados capitales de la iglesia cristiana son: avaricia, soberbia, envidia, ira, gula, lujuria y pereza. El Satanismo aboga por la indulgencia en cada uno de 'estos pecados', de forma que conduzcan a una gratificación física, mental o emocional."[2]

Puesto que es una religión de gratificación de sí mismo, recalca mucho el sexo, que llega a veces a ser una parte de su ritual en algunos grupos. Por ejemplo, en la iglesia de Antón LaVey, fundador de la Iglesia de Satanás, se usa a menudo un altar de carne viva en sus rituales: una mujer desnuda que sirve voluntariamente como un altar. Según la *Biblia Satánica*, la mujer representa la tierra madre y es la "receptora pasiva natural".[3] Los satanistas a veces ingieren drogas en sus cultos. Una ex-satanista testifica que los demonios a veces se materializan y aun tienen relaciones sexuales con las mujeres; se deleitan en torturar a los niños.[4]

3. *Se relacionan con la música rock; les fascina lo repugnante y la muerte.* La gran atracción al satanismo para muchos jóvenes es la música rock satánica. Parece que la lista de conjuntos musicales satánicos es interminable. Les fascinan la mutilación y la muerte. Se usa la música para comunicar un estado de pensamiento. Por ejemplo, la música *heavy metal* (metal pesado) provoca una tensión y enajenación que pueden llevar a la manipulación sobre los auditores. Se puede llegar a una especie de hipnosis sobre ellos, lo que es un caldo de cultivo para drogas y la violencia.

La morbosidad y el sadismo de esta secta se reflejan en los nombres de algunos de sus conjuntos musicales. Por ejemplo, se encuentran los siguientes grupos en la revista *Blasphemer*: Masacre, Muerte por napalm (bomba de gelatina de gasolina), Obituario, Sepultura, Vomitar, Masturbador, Náusea y Cadáver. Presentan temas musicales tales como: Pesadilla interminable, Destrucción total, Oren para su lugar en el infierno, Tinieblas y Producto de una mente enferma.

Los mensajes subliminales grabados en un disco a menudo instan a los adeptos a suicidarse o dar muerte a otros. Como resultado, adolescentes a veces procuran matar a sus propios padres o quitar la propia vida. Algunos han dicho que habían escuchado una voz interior instándoles a matar o a suicidarse. Se imaginan que serán resucitados en otra vida y estarán en lugares de ilimitados placeres carnales.

Escuchemos las palabras de algunas canciones de conjuntos

famosos. *Sacrificio*, de Slayer (conjunto estadounidense liderado por el chileno Tom Araya): "Los candeleros brillan / El altar se quema / Necesitamos el cadáver de una mujer virgen / Aquí, sacrificio para Lucifer, mi maestro."

Altar de sacrificio, también de Slayer: "El sacerdote satánico espera daga en la mano / Derramando la sangre virgen."

Hijo de la luna, del conjunto Iron Maiden: "Siete pecados mortales / Siete maneras de ganar / Siete caminos santos al infierno / Y su viaje empieza . . . No intentes salvar a tu hijo / ¡Mátalo ahora! . . . Sé la madre de un bebé estrangulado / Sé el diablo mismo / Lucifer es mi nombre."

En ropas, adornos e imágenes de sus discos, los rockeros *heavy* muestran la simbología satánica: la estrella de cinco puntas invertida en cuyo interior cabe la cabeza de un carnero, la cruz invertida (símbolo de la derrota de Cristo y del cristianismo), la cruz mezclada con un signo de interrogación (símbolo de confusión) y el 666, número del anticristo de Apocalipsis.

Las canciones exhiben en sus letras tres motivos principales: *la muerte* a través de la violencia, *la confusión* diciendo que nada es real, y *el desenfreno de pasiones* a través del sexo promiscuo, el alcohol y las drogas. La letra de una canción dice: "Cualquier cosa que desees, házla. Es tu vida. Si quieres probar heroína, no me importa. Es tu vida. ¡Diviértete!" Promueven el error, el desorden, el mal y la muerte como meta de la vida.

En los rituales de iniciación en algunos grupos, se degüella un animal colocado por encima del novato y la sangre cubre el cuerpo de éste. Es práctica común entre los satanistas sacrificar perros, gatos y otros animales. Roban y profanan cadáveres en los cementerios.

Algunos satanistas tienen un fuerte carácter político. En Chile, por ejemplo, existe un grupo nazi satánico y otro socialista. Pelean entre sí.

4. *Las fuentes de doctrina y prácticas*. El satanismo moderno ha tenido varias fuentes, que sirven como afluentes del río de su doctrina y prácticas. La primera se encuentra en el cristianismo, del cual provienen muchas de sus ideas y rituales. Pero éstos son invertidos y caricaturizados, pues la religión del maligno es una perversión de la fe verdadera.

También toma préstamos de los antiguos textos de la magia, tales como *La Menor clave de Salomón, Goetía* y otros libros de hechicería y magia ceremonial. Estas obras presentan encantamientos mágicos y rituales, que supuestamente sirven para controlar entidades espirituales y poderes de la naturaleza con el fin de llevar a cabo los deseos del hechicero. También contienen instrucciones de cómo la persona puede intensificar y enfocar sus propios poderes síquicos, para efectuar determinados resultados.

Los escritos de dos magos, Aleister Crowley y A. E. Waite, han influenciado tremendamente a los satanistas. Los libros más populares entre ellos son *Magia en teoría y práctica* (Crowley), y *El libro de la magia negra* y *La magia ceremonial* (Waite). Además los libros *La Biblia satánica* y *Los rituales satánicos* por Antón LaVey, han impactado profundamente a los satanistas, especialmente a los jóvenes. Muchos grupos modelan sus rituales de acuerdo con las "misas negras" y las ceremonias paganas de los siglos catorce y diecinueve. Estos rituales habían sido ideados originalmente como burla y blasfemia contra la iglesia cristiana y para prestar culto a Satanás como lo opuesto a Dios.

5. *Grupos autónomos de la Iglesia de Satanás.* Generalmente se encuentran los adoradores de Satanás en pequeños grupos autónomos, los cuales no tienen conexión los unos con los otros. También hay gran diferencia entre la doctrina y práctica de las diversas células.

La formación de la Iglesia de Satanás es una excepción a esta tendencia. El 30 de Abril de 1966, en San Francisco, EE.UU., Antón Szandor LaVey anunció este evento. Fue la fecha de la importante fiesta de brujería denominada "Aquelarre", en que los demonios y los malos espíritus celebraban la fruición del equinoccio de primavera. LaVey y sus compañeros habían estudiado las artes mágicas y las practicaban en la casa de éste. Tres años después LaVey publicó la *Biblia satánica*. En 1972 contaba con unos diez mil seguidores "cuidadosamente seleccionados, y por supuesto, fieles en los pagos de sus cuotas".[5]

La *Biblia satánica* es el aporte principal de LaVey. Entre otras cosas, se caricaturiza la Trinidad: la bestia (anti-Dios Padre), el anticristo (anti-Dios Hijo) y el falso profeta (anti-Espíritu Santo).

También incluye el "verdadero" significado de las letras INRI, clavadas en la cruz de Cristo: en lugar del "Jesús Nazareno, Rey de los Judíos", las iniciales quieren decir "Jesús Nazareno Resucitó Inútilmente". Además, la *Biblia satánica* registra los pasos para los rituales del culto satánico.

Según una investigadora de la Iglesia de Satanás, Sandy Simmons, LaVey, llamado el "Papa negro" de los Estados Unidos, "tiene el aspecto exacto del tipo estereotipado del diablo, esa especie de villano fuerte y silencioso que encarna a Satán en las películas de terror. Tiene la cabeza completamente afeitada y una barbilla prominente, con una barba negra y puntiaguda . . . unos ojos penetrantes . . ."[6]

El historial propio de LaVey arroja mucha luz sobre su papel como fundador de la Iglesia de Satanás. Descendiente de europeos, incluso con una abuela gitana, LaVey escuchó en su niñez leyendas de brujas y vampiros. Dejó sus estudios secundarios para trabajar en un circo. Transcurrido poco tiempo, se unió a una caravana de feriantes, donde ayudó a un mago y aprendió la hipnosis y muchos aspectos del ocultismo. Luego trabajaba como fotógrafo para el departamento de la policía de San Francisco. Allí vio el lado más brutal de la naturaleza humana: "personas tiroteadas por locos, acuchilladas por sus amigos, criaturas aplastadas por conductores de los que atropellan y huyen". Reaccionó contra la idea de un Dios que controla todo. Seguía sus estudios de las artes mágicas y practicaba rituales similares a los de la misa negra.[7]

Experimentado con el ocultismo, LaVey descubrió que el culto al diablo le proveyó con fuerzas inimaginables y poderes mentales extraordinarios. Dice:

> En mi caso, encontré que podía por medio de conjuros influenciar a automovilistas y obtener estacionamiento en el último instante frente a teatros, donde nadie lo hubiera podido tener. También descubrí una capacidad de provocar, mediante magia, reveses a mis amigos y obtener ventajas para mí.[8]

6. *Ejemplos de satanismo.* Aunque hay gran variación entre los grupos de los adoradores de Satanás, ellos tienen algunas costum-

bres en común. Aprenderemos algo del carácter de esta secta leyendo un artículo sobre la magia negra y satanismo en Argentina y un testimonio de un ex-satanista.

Reporteros del periódico evangélico *Visión Joven*, en Buenos Aires, entrevistaron un grupo de satanistas y también visitaron la sede de la secta, en el barrio de Congreso en aquella ciudad. Nos dan una idea de cómo piensa y actúa una forma de esta religión.

Los cultos cuentan con una liturgia basada en los escritos de Aleister Crowley, el fundador del satanismo en Inglaterra. El mago oficiante viste una larga túnica negra y las posiciones que adopta simbolizan a distintas manifestaciones de Satanás.

Entre las figuras del altar se encuentra la efigie de Bafomet, "el dios cornudo", una cabeza de macho cabrío que desde la antigüedad es símbolo del diablo y de la concupiscencia; la figura del dios Pan, con cuernos y pies de cabra; y la figura del dios Set, el satán de los egipcios, con cuerpo de perro con largo hocico y orejas largas y paradas.

Pregunta: ¿Cómo es la organización? ¿Tienen algún jefe o sacerdote?

Respuesta: La nuestra es una religión mágica. La magia es el más alto, absoluto y divino poder. Un gran mago negro, el doctor Frazer dijo: "La profesión de la magia ha sido uno de los caminos por el cual el hombre obtiene el supremo poder y llega a ser un dios. "Este poder se logra a través de las "armas mágicas", que son los conjuros y la invocación a los antiguos dioses: Pan, Set, Shu, Osiris, o las diosas Astarthe o Auramoth. El sacerdote es el Mago, quien es capaz de ver e influir en el presente y en el futuro, viajar en forma incorpórea y ser el vehículo para que, al ser poseído por el Gran Poder, sea uno con los dioses.

Pregunta: ¿Qué lugar ocupa Satanás en sus cultos?

Respuesta: La gente ignorante llama diablo a Satanás o Shaitán, porque no conoce su naturaleza. Satán es Adonai, Adonis, Attis, Abraxas. Satán es un hombre, hecho dios, es el Ojo del Sol, es la luz, y cuando posee a un hombre, le da poder de proferir oráculos, de viajar por el cosmos, de tener iluminación. No existe enemistad entre aquel que llaman Dios y Satanás, porque son iguales.

Pregunta: ¿Cómo se produce esta posesión que usted mencionó?

Respuesta: En un culto solemne de Eucaristía o Comunión, los neófitos toman por vez primera, la Eucaristía en los dos elementos. El vino del cáliz es la leche que mama del pecho de Iris, la madre eterna. El pan es la "Torta de Luz", hecha de harina, miel y aceite, perfumes curativos y mágicos y sangre fresca viva, el principio animal. Luego, guiado por el Mago Negro, se sella con sangre el pacto con el Poder (Satán). Este pacto de sangre es el árbol de vida y quien lo firma no morirá.

Pregunta: ¿Quiere decir que viven eternamente?

Respuesta: Esto, con muchas otras cosas, son misterios que no pueden ser revelados a los incrédulos. Lo que presenté fue para aclarar cosas que los ignorantes tergiversan. Nuestro culto es mágico y sólo pueden participar los que primero son llamados y luego iniciados. No voy a decir nada más, porque siento que ustedes son mis enemigos, por lo que les pido que se retiren.

Así, en forma abrupta, el interlocutor dio por finalizada la entrevista y con un gesto indicó a la portera que les acompañara hasta la puerta.[9]

El diario *Las Últimas Noticias*, del 4 de junio de 1992, publicado en Santiago de Chile, narra el espeluznante relato de una muchacha identificada como M.S.A.R., que pertenecía a una secta satánica en la ciudad de Puerto Montt del mismo país.

Fue invitada a asistir a una reunión de amigas. Cuenta que cuando llegó a la reunión, "me tomaron de los brazos y me obligaron a entrar a un lugar, donde había en el centro un círculo con una estrella. Entonces me abrieron de brazos y piernas. Una de las mujeres, la más importante del grupo, a la que se le denomina 'Sodium', empezó a rozarme el cuerpo. Después todos los presentes comenzaron a entrar en trance. Lo que recuerdo después es que me cortaron las muñecas con un cuchillo muy afilado y me sacaron sangre. No sentí dolor. Luego me hicieron beber un líquido amarillo. Luego me llevaron a una especie de altar, y desde un recipiente pequeño bebí algo que era como sangre."

M.S.A.R. dice que durante todo el acto estaba desnuda desde el torso para arriba y que luego de ese primer paso, vino el segundo, que era el de "observación". "Se observa todo lo que tenemos que hacer después de estar integrados a las sectas satánicas; las cosas más horribles, a todo nivel. Lo que más me impactó fue lo que tiene relación con los ritos de carácter sexual: las orgías. Mujeres revolcándose con mujeres y hombres con hombres.

"Después de eso, una está apta para hacer cualquier cosa; por ejemplo, quedarse una noche en el cementerio. Una no está consciente de lo que hace. Lo único que quiere es pasar pruebas.

"Estaba entonces en uno de los mausoleos con dos *cabaz*, que ya son miembros de la secta. Ellos vigilaban desde fuera. Al principio no pasó nada. Pero luego de las veinticuatro horas comenzaron a moverse cosas. Estaba sentada y había varias sepulturas a mi alrededor, y en cada una de ellas había maceteros con plantas. Entonces empezó una especie de temblor dentro del mausoleo y cayeron los maceteros, reventándose. Imágenes horribles invadieron mi mente, voces extrañas, luces. Es la experiencia más grande y fea por la que hay que pasar."

M.S.A.R. explica que el siguiente paso es el de la "mente": "Empiezan a controlar la mente; a estar tranquila, hacer cosas normales. Y luego, al llegar al poder de concentración más alto, en que sólo sientes silencio, recibes como un golpe de una fuerza sobrenatural. Y entonces Satanás te entrega un poder sobrenatural mental, pasando a la categoría de 'bruja'. Con este poder puedes hacer muchas cosas malignas. Uno tiene varios dones después de eso, como descubrir lo que está pensando la persona que está contigo o comunicarte mentalmente o espiritualmente con los 'cabaz' o con las otras personas que integran la secta, o con personas que están lejos de ti. También puedes hacer aparecer imágenes horribles en personas que no quieres.

"Después de eso, Satanás me entregó mi misión: era castigar a las personas que estaban dentro de la secta y que no le obedecían. El castigo es espiritual y físico. Tú te posesionas del cuerpo de la otra persona y envías sus pasos hacia el lugar que tú quieres que vaya, y la haces realizar las acciones que tú quieres que haga, como pegarse un tiro, tirarse al mar, ahorcarse y toda la gama de suicidios que se ven normalmente por televisión o que aparecen en los diarios."

De acuerdo con el relato de la joven, el próximo paso es el "sacrificio de bebés". Termina diciendo que sólo le faltaba un paso para llegar a convertirse en una "Sodium" y ser reconocida como jefa de la secta a nivel regional.

B. DISTINTAS CATEGORÍAS DEL SATANISMO

Craig S. Hawkins, investigador de las sectas satánicas, clasifica a los adoradores del maligno en seis categorías y los describe.[10]

- Satanistas tradicionales
- Satanistas no tradicionales
- Satanistas públicos
- Satanistas que forman pandillas juveniles
- Satanistas individuales
- Satanistas sicópatas

Dentro de cada clase se encuentran satanistas serios y también los que son meramente aficionados, los cuales toman superficialmente la religión satánica y la consideran como diversión, o tal vez no la entienden bien.

1. *Satanistas tradicionales*. Esta clase de adoradores del diablo se caracterizan por la estricta clandestinidad de sus actividades y por su desprecio e intenso odio hacia todo lo que es cristiano. Caricaturizan y hacen burla de los rituales sagrados de las iglesias. Por ejemplo, rezan al revés el Padrenuestro o meten blasfemias en él. Llenan con frecuencia la copa de la comunión con sangre animal, humana o con la orina. Al igual, profanan el pan, sustituyéndolo por algo repugnante (son prácticas enseñadas en la infame misa negra). Adoran a la persona del maligno y practican toda clase de ocultismo.

De vez en cuando ofrecen sacrificios, incluso sangre fresca e inmolaciones humanas, para burlarse del sacrificio de Cristo o para aumentar la eficacia de su ritual. Sus doctrinas también son una perversión de las del cristianismo; todas son contrarias a sus contrapartes cristianas. Estas distorsiones de ideas cristianas son características de todos los satanistas, pero especialmente de los tradicionales.

2. *Satanistas no tradicionales*. Esta clase es más ecléctica en reunir doctrinas que los tradicionalistas, es decir, adopta entre varias enseñanzas y prácticas lo que mejor le parece. Aunque se burla

mucho del cristianismo, este no es el motivo principal de sus dogmas y rituales.

Ciertos satanistas creen en innumerables reencarnaciones, en las cuales pueden vivir desenfrenadamente, satisfaciendo sus deseos carnales y sus impulsos malos. Algunos creen que Satanás es tan poderoso como Dios, y otros, que el diablo, aunque es poderoso, depende de Dios para su existencia. Algunos grupos incluyen el ingerir drogas y cometer actos sexuales en sus rituales. Todos recalcan la magia como el medio de manipular las fuerzas de las tinieblas. Al igual que los satanistas tradicionales, éstos mantienen secretas sus actividades.

3. *Satanistas públicos.* En contraste con las dos primeras categorías de los adeptos de satanismo, estos grupos no tratan de esconderse; se manifiestan abiertamente. Entre ellos figura la notoria Iglesia de Satanás de LaVey. En general, han formulado bien sus doctrinas y han incluido rituales de otros grupos, además de las innovaciones de LaVey. Repudian los sacrificios y la violencia para practicar la magia negra, a veces con intenciones de matar a sus enemigos. Son hedonistas, complaciéndose en todos los vicios y placeres de la carne.

4. *Satanistas que forman pandillas juveniles.* Consiste de adolescentes, que se integran en los grupos por varios motivos: estar de moda, experimentar algo nuevo y diferente, escandalizar a sus padres o rebelarse contra la sociedad. Algunos se juntan con el grupo simplemente para tener una excusa u oportunidad de gratificar sus apetitos sensuales.

Por regla general no son satanistas convencidos sino aficionados, siguiendo los ritos que observan en las películas o que leen en los libros esotéricos. Realizan prácticas peligrosas y aberrantes, cayendo fácilmente en el uso de drogas y en actividades sexuales perversas, tales como sexo en grupo, homosexualidad y abuso de niños. Su música es el rock.

5. *Satanistas individuales.* Estos adoradores de Satanás no participan en grupos, probablemente porque no saben cómo encontrarlos o porque prefieren estar solos. Su interés inicial en el satanismo probablemente es estimulado por una o más de las siguientes maneras: (a) Leyendo cuentos de horror, literatura del

ocultismo o del satanismo; (b) Presenciando películas de horror, especialmente las que presentan a Satanás como una figura romántica; (c) Escuchando música satánica; (d) Por la influencia de un amigo que tiene algún concimiento del satanismo.

6. *Satanistas sicópatas.* Es probable que muchos sean endemoniados. Son capaces de terribles actos de violencia. En 1969, las noticias de las actividades de Charles Manson, personaje satánico y hedonista con un numeroso harén en California, horrorizaron a todo el mundo. Fue declarado reo por haber ordenado el asesinato brutal y ritualizado de cinco personas, incluso la actriz Sharon Tate. En 1985, la prensa denunció otro caso de satanismo colectivo sucedido en el condado de Lucas, en Toledo, Ohio de los Estados Unidos. En él, se dijo que una secta satánica podría ser responsable de la muerte de setenta y cinco personas. Otros casos de asesinatos han sido descubiertos en distintas partes del mundo.

C. DOCTRINAS DEL SATANISMO

Hemos notado que hay gran variación entre las costumbres de distintos grupos de satanistas, existiendo también diferencias de pensamiento entre ellos. Aunque todos practican la magia, no todos están de acuerdo en cómo ha de funcionar ésta. También hay distintas ideas referente a la identidad de Satanás. Consideremos algunas de sus nociones, según la descripción de Hawkins.[11]

1. *Dios y Satanás.* Hay tres principales conceptos en cuanto a identificar a los dos.

a) Dios y Satanás existen como personas poderosas y sobrenaturales, pero hay un equilibrio de poder entre los dos. Algunos satanistas que sostienen esta doctrina, piensan que ni el uno ni el otro dominará jamás; otros creen que tarde o temprano Satanás vencerá a Dios.

b) Tanto Satanás como Dios existen como personas, pero puesto que Dios es infinito y el maligno es finito, algún día Dios derrotará a su enemigo. Acepta la idea bíblica.

c) Ni Satanás ni Dios existen como personas; Dios es meramente una fuerza impersonal que proporciona equilibrio a la naturaleza. Satanás es un símbolo religioso, que representa el mundo material, el hombre y su ego, especialmente su naturaleza carnal. Esta es la doctrina de LaVey. El satanismo es el culto al hombre tal como es, con todos sus deseos carnales y pasiones desordenadas. El dios de LaVey es él mismo y los dioses de sus seguidores son ellos mismos.

Dos sacerdotes de la Iglesia de Satanás en Estados Unidos., Charles Ward y Steve Miller, definen este concepto de Satanás.

Satanás, a nuestro modo de ver, representa el ego del hombre o la divinidad, o sea el hombre convertido en divinidad. El hombre es un ser tan poderoso, tanto intelectual como metafísicamente, que es, de hecho, el dios de sus propias decisiones. Cada satanista en esta iglesia tiene su propia idea de quien es Satán, y lo que representa.[12]

No adoramos a nadie. Nosotros sólo deseamos nutrir la fuerza que existe en nuestro interior y desarrollar una completa realización de la vida . . . Porque Satán ha sido siempre el adversario en la mitología cristiana, lo utilizamos como nuestro símbolo.[13]

Uno de estos satanistas, sin embargo, afirma haber visto, realmente, materializarse a Satanás.

Yo he visto a Satán, y otros miembros también lo han visto — dice Ward —. Es como un hombre de tipo corriente, con unas cejas muy puntiagudas. En la atmósfera subjetiva de la cámara ritual este fenómeno suele ocurrir a veces.[14]

Parece que la teoría LaVeyana de Satanás (la representación del ego humano) no coincide con lo que estos sacerdotes han experimentado (Satanás es una persona que puede manifestarse en forma visible). ¿Ha desarrollado LaVey su concepto de Satanás a fin de vestir su doctrina en ropaje intelectual y así ser más respetable ante la sociedad? Una cosa es evidente en toda forma de satanismo: apela al deseo humano de convertirse en un dios, de ser independiente de Dios y encontrar poder en sí mismo, algo presente ya en la primera pareja en Edén.

2. *La inmortalidad.* Hawkins describe cuatro diversas creencias satanistas referentes a la vida de la ultratumba.[15]

a) El hombre es mortal, por lo tanto debe aprovechar toda oportunidad de gratificar sus deseos en el presente. La filosofía es la de los antiguos griegos: "Comamos y bebamos, porque mañana moriremos."

b) Al morir la persona, su alma entra en una infinidad de reencarnaciones, cada cual proporcionándole la oportunidad de gratificar sus deseos carnales.

c) Tarde o temprano, Satanás derrotará a Dios y establecerá su reino y el infierno. Los seguidores del diablo serán recompensados con puestos de poder en el paraíso satánico y pasarán la eternidad en una interminable orgía de placeres sensuales.

d) La Biblia tiene razón. Satanás finalmente será derrotado y echado al infierno, junto con sus seguidores para sufrir por toda la eternidad. Parece increíble que personas que aceptan esta verdad adoren al maligno. Sin embargo, tales personas consideran que Dios es debilucho y no es digno de respeto. Sería sumamente aburridor pasar la eternidad en el cielo. Prefieren parar en el infierno que estar eternamente aburridos en el cielo.

3. *La magia.* Aunque todos los satanistas consideran la magia como un medio de manipular la realidad, según sus propios deseos, hay una variedad de opiniones con respecto a cómo funciona.[16]

a) LaVey enseña que consiste en poderes síquicos latentes en el hombre. Niega que es sobrenatural, sino supernormal. Dice que cuando invoca a Satanás en los rituales mágicos, lo hace para ayudar al grupo a concentrar sus propios poderes síquicos para efectuar un determinado resultado.

b) La magia se refiere a fuerzas supernormales (impersonales) o leyes de la naturaleza que todavía no son descubiertas por la ciencia.

c) Seres sobrenaturales, o sea, demonios.

4. *Los sacrificios.* No todos los satanistas que sacrifican seres vivientes son sádicos o sicópatas. Un investigador de estas sectas señala algunos motivos.[17]

a) Para hacer una parodia de los sacrificios del Antiguo Testamento y del gran sacrificio de Cristo. Especialmente los satanistas tradicionales se deleitan en éso.

b) Muchos de los adoradores de Satanás aceptan la antigua idea pagana de que una fuerza invisible (*mana*) del sacrificado, puede ser transmitida a la persona, la cual consume la sangre o algunos órganos de la víctima, tales como el cerebro o el corazón. También, supuestamente, podría obtener la inmortalidad comiendo a menudo el corazón de otras personas. Algunos satanistas creen que al comer la sangre de otra persona o de un animal reciben sus atributos y poder.

c) El ofrecer un sacrificio es el clímax del ritual, aumenta supuestamente la energía síquica del satanista y le da más posibilidad de realizar el propósito de su ritual mágico. La idea es que la fuerza vital de la víctima está liberada en su muerte, y puede ser apropiada por el satanista.

d) Es un sacrificio a los demonios, con el fin de persuadirlos a otorgar lo que busca el adepto del satanismo. Cuanto más grande sea la petición (poder, riquezas o fama) tanto más grande tiene que ser el sacrificio. Puesto que un niño inocente sería la cosa más preciosa para el ser humano, entonces eso sería el sacrificio más eficaz. Mujeres, ex-satanistas, testifican que los sacerdotes de esta secta les han convencido a inmolar a sus propios hijos.

D. LA MANERA DE CONSEGUIR ADEPTOS

Los satanistas dicen que no buscan miembros. Sin embargo, la secta atrae a la gente ofreciéndole ayuda para solucionar problemas de muchas índoles y para conseguir poder, posición y hacer daño a sus enemigos. Primeramente, son introducidos a la magia, aparentemente inofensiva, con promesas de riquezas personales, éxito en su profesión o atracción sexual. Parece que en el satanismo se halla la respuesta a tres ambiciones: poder, sexo y venganza. Satanás recluta sus adeptos entre aquellos que buscan lo aberrante como un medio para obtener sus fines egoístas, sin advertir que quedarán atrapados por el maligno.

Entonces los adeptos son seleccionados e invitados a participar en el culto. *El propósito principal de este culto, según su manual, es llevar al adepto a establecer un pacto con el poder diabólico.* Al pasar el iniciado por las encantaciones prescritas, está presionado por los demonios a hacer el pacto con Satanás.[18] Esto no es una decisión temeraria, ya que los satanistas están dispuestos a servir a su amo de cualquier manera, llegando a ofrecerle sus propias vidas.

Otras personas que también se ponen en peligro son los "satanistas aficionados", ya mencionados bajo el encabezamiento de "Satanistas que forman pandillas juveniles". Obtienen sus ideas viendo las películas o leyendo los libros que tratan de la materia y adoptan prácticas peligrosas y aberrantes, incluso orgías y el uso de drogas.

El aficionado comienza en esto como un juego y paulatinamente va creyendo en lo sobrenatural del ocultismo, hasta creer firmemente en lo que está haciendo. Finalmente llega al pacto satánico y muchos de ellos muestran evidencias de una real posesión demoníaca.

Las consecuencias de ser posesionado o controlado por demonios son trágicas. Jesús observa acertadamente que "el ladrón (Satanás) no viene sino para hurtar, matar y destruir" (Jn. 10:10). Tales personas sufren terribles problemas emocionales, son esclavizadas y afligidas por el maligno, y aun algunas se vuelven dementes y otras asesinan o se suicidan. Satanás y sus huestes de las tinieblas odian a los seres humanos y se deleitan en destruirlos.

E. LA RESPUESTA CRISTIANA AL SATANISMO

Algunas víctimas de esta secta diabólica llegan a nuestras iglesias en busca de consejos y ayuda. El consejero debe ser una persona que realmente conozca a Jesucristo como Salvador y Señor y que no eche mano de "soluciones fáciles", sino de un sostenido uso de la Palabra de Dios, su perdón y fuerza. Debe saber hablar la palabra de fe e impartir el poder libertador del Espíritu Santo.

En casos de posesión demoníaca, el consejero debe reprender y echar fuera el demonio. Muchos endemoniados no pueden orar a Dios y aceptar a Cristo hasta que estén liberados. A veces se desmayan cuando el creyente exorciza al espíritu. En ciertos casos, es necesario que siga atacando al demonio hora tras hora, pues algunos espíritus son muy porfiados y resisten largo tiempo. Si ésta es la situación, conviene que varias personas se turnen reprendiendo al diablo en el nombre de Cristo y echando mano de la victoria de éste en la cruz. El autor de este estudio, junto con otros creyentes, pasaron dos días luchando contra un espíritu inmundo en una señorita, antes de que ella fuera liberada completamente.

Aun después de ser liberada de un demonio, la persona a menudo sufre ataques del maligno durante meses. Tiene que aprender a resistirlo y saber que es más que vencedora en Cristo, quien la ama y protege (Ro. 8:37-39). Sobre todo debe vestirse de toda la armadura de Dios y estar firme contra las asechanzas del diablo (Ef. 6:10-18).

Hawkins hace algunas sugerencias para evangelizar a los satanistas.[19]

a) Debemos darnos cuenta de que Dios los ama a pesar de sus actitudes y actividades: "No queriendo que ninguno perezca, sino que todos procedan al arrepentimiento" (2 P. 3:9). Muchos satanistas, si creen en la existencia de Dios, sienten que el Señor está lejos, inaccesible y no tiene interés en ellos. Como creyentes, debemos demostrar por medio de nuestra vida que no es así. También, debemos amarlos sinceramente.

b) No debemos considerar que el satanista ha cometido un pecado imperdonable.

c) Debemos escuchar con respeto los pensamientos del adepto al satanismo y con amor mostrarle, por la Palabra, que está equivocado. Sin embargo, no conviene advertirle que está rumbo al infierno. Es probable que él crea que el infierno es realmente un paraíso. Nos conviene señalarle que Dios es bondadoso y ha preparado un reino maravilloso para él y para todos los que le reciban.

EJERCICIOS

A. Verdadero o Falso.

___1. El satanismo difiere principalmente del espiritismo en que ése se limita a practicar la magia negra.

___2. Para los satanistas no es necesario identificar a Satanás como el diablo de la Biblia, se puede ponerle cualquier otro nombre, tal como Adonis y Osiris.

___3. Ciertos grupos satánicos prometen que sus adeptos llegarán a ser dioses o ya son dioses.

___4. La mayoría de los satanistas admiten que Dios es el enemigo de Satanás, pero creen que éste es tan poderoso como el Señor.

___5. La Iglesia de Satanás fue fundada en el siglo veinte.

___6. Los satanistas no permiten que cualquier persona asista a sus cultos; admiten solamente a los seleccionados.

___7. Algunas sectas de satanistas no buscan al maligno, sino tratan de liberar el poder que se encuentra en ellos mismos.

B. Llene los espacios o conteste brevemente.

1. Se llama _____ el fundador de la Iglesia de Satanás. El escribió _____.

2. El propósito principal de los cultos satánicos, según su manual, es llevar al adepto a _____.

3. La mayoría de las personas que se unen al satanismo son motivados por tres ambiciones, que son: _____ , _____ y _____.

4. ¿Cómo atraen a la gente los satanistas?

5. ¿Cuál es el problema espiritual de muchas personas después de ser liberadas de demonios?

6. Mencione tres daños que sufren las personas que se involucran en el satanismo.

CITAS

1. Craig Hawkins, "The many faces of satanism", en la revista *Forward* vol. 9, No. 2, fall 1986, pág. 17.

2. Sandy Simmons, "El diablo tuvo la culpa" en *El extraño mundo del ocultismo* (Barcelona: Editorial CLIE, 1977), pág. 85.

3. *Ibid.*, pág. 78.

4. Rebecca Brown, *He came to set the captives free* (Chino, California: Chick Publications, 1986), págs. 64-66.

5. Simmons, *op. cit.*, pág. 75.
6. *Ibid.*, pág. 74.
7. *Ibid.*, págs. 75-76.
8. *Ibid.*, págs. 76-77.
9. J.C. Calvo, "Los cultos satánicos en la Argentina" en *Visión Joven*, año 2, No. 17, págs. 4-5.
10. Hawkins, *op. cit.*, págs. 18-20.
11. *Ibid.*
12. Simmons, *op. cit.*, pág. 85.
13. *Ibid.*, pág. 74.
14. *Ibid.*, pág. 85.
15. Hawkins, *op. cit.*, 20-21.
16. *Ibid.*
17. *Ibid.*
18. Robert Evans, "The cure of the black arts" en la revista *His magazine*, abril de 1970, pág. 11.
19. Hawkins, *op. cit.*, págs. 21-22.

Capítulo 7

EL HINDUÍSMO DEL OCCIDENTE: HARE KRISHNA Y LA MEDITACIÓN TRASCENDENTAL

La presencia de religiones orientales en el Occidente se remonta a principios del siglo veinte, cuando un gurú hindú (maestro espiritual) estuvo en la Feria Mundial de Chicago. Su explosión demoró en Occidente hasta la década de los setenta. En los últimos treinta años la influencia hindú ha invadido los Estados Unidos, Europa y América Latina. Toma diversas formas, pero tiende a ser panteísta y politeísta, enseñando la reencarnación y el *karma*. El hinduismo sostiene que el alma nunca muere; cuando fallece el cuerpo, el alma nace de nuevo o en un animal o en un ser humano.

La ley del karma se relaciona con la reencarnación. Afirma que toda conducta, por más insignificante que parezca, influye en el próximo estado de la persona; todo lo que hace, sea bueno o malo, lo experimentará en proporciones exactas conforme a su comportamiento. Puesto que pocas personas pueden experimentar todo el mal karma que se acumula en una sola vida, tienen que reencarnarse una vez tras otra, hasta que todo su mal karma es equilibrado por el buen karma. Si se comporta bien y lleva una vida buena, la persona renacerá en una forma más elevada, pero si no lo hace, nacerá en una forma más baja, aun, en ciertos casos, como un gusano. La reencarnación sigue hasta que la persona alcanza el equilibrio entre el bien y el mal. Entonces entra en un nuevo nivel de existencia desde el cual nunca volverá. La salvación depende, por lo tanto, del esfuerzo de la persona; consiste en la liberación del ciclo de reencarnaciones y la fusión final con la divinidad (absorción en la Nirvana). Como el agua del río que entra en el mar llega a ser parte del mar, así el alma que cumple su karma pierde su identidad al ser absorbida en la deidad.

Se calcula que hay 330.000 dioses en el paraíso hindú. Entre los más importantes están Brahma, el creador de todas las cosas materiales, Siva, la deidad de la destrucción, enfermedad y muerte, y Visnu, el dios del amor y la benevolencia. Sin embargo, por encima de éstos está la fuerza impersonal que todo lo satura; se llama Brahman. Es la causa primera; la infinidad de dioses son una expresión de él.

El hinduísmo es una religión panteísta; no se hace una clara distinción entre la deidad y su creación. Brahman es impersonal, sin atributos, cualidades, rasgos o forma. De acuerdo con la enseñanza de Maharishi (fundador de la Meditación Trascendental), la inteligencia creadora habita en todo lo creado, de tal manera que constituye la única realidad que existe. El tronco, las hojas, las flores y el fruto del árbol cambian constantemente, pero la savia, que es como el creador, permanece siempre del mismo modo. Es inseparable de su creación.

Las formas del hinduísmo más conocidas en América Latina son la Asociación Conciencia de Krishna (Hare Krishna) y la Meditación Trascendental. Ambas practican la meditación pero sólo Hare Krishna se presenta abiertamente como una religión.

A. HARE KRISHNA

En casi todas las grandes urbes de los países hispánicos del nuevo continente, se ven de vez en cuando los adeptos latinos de esta secta, disfrazados de hindúes orientales; las mujeres vestidas con "sari", traje típico de la mujer de la India, y los hombres con la cabeza rapada, cantando intermitente e incansablemente su mantra (frase recitada monótonamente para vaciar la mente y alcanzar la conciencia cósmica, o sea, unión con Dios y el universo) a base de "Hare Krishna, Hare Krishna, Krishna, Hare, Hare, Hare Rama, Hare Rama, Rama, Rama, Hare, Hare" (nombres de sus dioses). Han de entonar cada día 1.728 veces esta frase, a fin de alcanzar la liberación de su cuerpo para una vida futura. Los adeptos en Santiago, Chile, se levantan a las tres de la mañana para recitar esta frase y meditar.

Los harekrishnianos viven en comunidades mixtas, bajo la dirección de un gurú (maestro), el cual interviene en todos los aspectos de la vida del adepto. Son vegetarianos, no matan animales para no interrumpir el proceso de la transmigración de las almas. Algunos renuncian a la vida familiar para practicar el yoga.

Creen que no son cuerpos materiales sino "almas espirituales, fragmentos pertenecientes a Dios" (Krishna). "Krishna es el padre que aporta la simiente de todos los seres vivos, y Hare es su energía que sostiene toda la creación cósmica." La verdad absoluta está implícitamente en todas las grandes escrituras del mundo. Pero las escrituras más antiguas que se conocen son las Vedas, principalmente el *Bhagavad-gita*, que registra la verdadera palabra de Dios.[1]

Los krishnas son perseguidos internacionalmente. En Estados Unidos han sido acusados de delitos que van desde el intento de asesinato hasta el tráfico de drogas. En Argentina y en Bolivia, al movimiento le fue cancelada su personalidad jurídica por atentar contra la moral y las buenas costumbres. Chile no les otorgó este derecho legal.

B. LA MEDITACION TRASCENDENTAL

1. *Definición.* Se presenta la meditación trascendental (MT) como una práctica natural de relajación, por dos períodos de veinte minutos cada día. La mente debe estar totalmente pasiva y vacía durante el proceso; no debe ejercer ningún esfuerzo conciente. Se repite una palabra conocida como una "mantra", de tal manera que su rítmica repetición ayude al esfuerzo de la relajación.

Los promotores de la MT la presentan como una práctica "científica" basada sobre leyes biológicas y sicológicas. Dicen que es el camino para reducir el estrés, aumentar la creatividad de la persona y encontrar la paz interior; que la MT produce resultados casi milagrosos, en todas las áreas de la vida, ya sean físicas, sicológicas, sociales o espirituales.

En sus avisos comerciales, se prometen grandes cosas.

¿Le gustaría mejorar su salud, tener mejor imagen de sí mismo, ser más productivo, más inteligente y creativo, y todo esto sin verse afectado por presiones ni tensiones?[2]

Según la teoría de su fundador, el gurú Maharishi Mahesh Yogi, la MT puede producir efectos trascendentales en todo el mundo. "Siguiendo las leyes del magnetismo mineral que hay en la tierra, ello sería suficiente para que cambiase la vibración del planeta y, por consiguiente, se eliminasen las discordias, las guerras y la violencia, para que todos gozásemos de una paz y una felicidad completas."[3]

Los seguidores de la MT afirman que es una actividad no religiosa y puede funcionar bien dentro de cualquier sistema, ya sea religioso o secular. Se han fundado más de 400 centros para la enseñanza de la "Ciencia de la Inteligencia Creadora", en las ciudades más grandes del mundo. Para respaldar sus declaraciones, los promotores de la MT presentan los testimonios de políticos, educadores, deportistas, personajes célebres de teatro (incluso los Beatles y la conocida actriz Mia Farrow) y hasta líderes religiosos, católicos y protestantes. Por ejemplo, John Kaplan, profesor de Derecho de la Universidad de Stanford (en California) lo atestigua: "Yo la uso tal como usaría un producto de nuestra tecnología para combatir la tensión nerviosa. Es un tranquilizante no químico sin efectos colaterales desagradables."[4]

2. *La historia de la MT*. El fundador de la MT, el gurú Maharishi Mahesh Yogi (traducido "Gran sabio practicante del Yoga"), nació en la región norte de India en el año 1911. Estudió Física en la Universidad de Allahabad y obtuvo su licenciatura en 1942. Trabajó cinco años en una fábrica y a la vez practicaba yoga, según la enseñanza de los antiguos vedas, escritos sagrados del hinduísmo.

Despúes de la Segunda Guerra Mundial, Maharishi se retiró a meditar al pie del monte Himalaya. Allí estaba bajo la influencia del *swami* Jagadgurú Bahgwan Shankracharya, conocido como Gurú Dev (Maestro divino). Se consideraba que Gurú Dev era un *avatar*, o sea, una persona que manifiesta la verdad divina, un alma que ha pasado por el karma y queda como consejero espiritual de la humanidad. Al morir Gurú Dev, Maharishi se quedó dos años más en reclusión. Fue persuadido, sin embargo, a dictar una serie de conferencias en un templo hindú. De allí en adelante cumplió la comisión de Gurú Dev, divulgando las enseñanzas de éste. En 1958, fundó el Movimiento de Regeneración Espiritual.

Cuando Maharishi se dio cuenta de que no era sino uno de tantos *swamis* en India, emigró al occidente, diciendo: "Las ideas nuevas tienen una mayor aceptación en los países desarrollados tecnológicamente." Puesto que las ideas de la religión de la India no eran muy aceptables a los norteamericanos, presentó su movimiento como algo científico y no religioso. Estableció dos organizaciones: Sociedad Internacional Estudiantil para la Meditación (1965) y Fundación Norteamericana del Movimiento de Regeneración Espiritual.

Maharishi ha tenido gran éxito en popularizar su movimiento. Walter Martin observó en 1980 que más de un millón de personas en los Estados Unidos han estudiado la técnica de la meditación, se la enseña en más de noventa países y hay cerca de cuatrocientos ochenta centros de Plan Mundial de MT en los Estados Unidos y Canadá.[5] Ha sido una materia muy popular en las universidades de estos países.

3. *La verdadera naturaleza de la MT.* ¿Realmente carece de base religiosa esta práctica? La respuesta es "no"; es religiosa por naturaleza. Es una técnica de meditación hindú que procura unir al que medita con Brahma, el dios creador de los hindúes. Da a la persona la oportunidad de "sumergirse" dentro del gran océano de la "Inteligencia Creativa".

Aunque los instructores de la MT dicen que los mantras (frases en sánscrito que repiten los practicantes de la MT) son inofensivos y tienen el propósito de producir vibración síquica que afecta positivamente funciones físicas y mentales, en realidad tienen relación con las deidades hindúes. Maharishi explica:

Hagamos algo aquí, según los ritos védicos en particular, recitando específicamente para producir un efecto en algún otro mundo, para llamar la atención de los seres más elevados o dioses que viven allá.[6]

La ceremonia de iniciación también es de naturaleza religiosa.

Consiste en una tradicional *puja* hindú o adoración ritual. En la ceremonia, los principiantes de la MT traen una ofrenda de seis flores (símbolo del alma soñadora), tres frutas frescas y un pañuelo blanco (símbolo de la pureza del alma en el nacimiento). Su instructor coloca estas cosas sobre un altar ante un retrato del Gurú Dev. Acompañado por luz de candelabros e incienso, el instructor entona un cántico sagrado en sánscrito, a una larga línea de maestros hindúes fallecidos ... La atención está principalmente sobre el Gurú Dev ... La presencia de su retrato sugiere la idea de un ídolo, el cual realmente se venera.[7]

C. ¿POR QUÉ LOS EVANGÉLICOS NO DEBEN PRACTICAR LA MT?

Algunos cristianos consideran que los métodos de la MT no son dañinos sino constituyen un renacimiento de prácticas quietistas, que han aparecido periódicamente a través de la historia del cristianismo. No se dan cuenta de la utilidad limitada y los peligros de ella.

1. *La MT es una forma de idolatría, pues la persona que la practica emplea mantras que invocan a los dioses orientales.* El primer mandamiento dice: "No tendrás dioses ajenos delante de mí."

2. *La técnica de vaciar la mente y entrar en un estado de pasividad mental es muy peligrosa.* Puede abrir la puerta a actividades demoníacas en la vida de un individuo. Los demonios estaban mezclados en la adoración de ídolos en los tiempos bíblicos (Dt. 32:17; 1 Co. 10:19-20). Además, lo que comienza con un aparente inocuo período de relajamiento, puede terminar con la aceptación inconsciente del concepto panteísta de la MT.   .

3. *La MT puede llegar a ser un sustituto de una experiencia verdadera*

con Dios. La salvación espiritual es más que alcanzar la paz interior transitoria. Maharishi ve al hombre, no como un pecador impotente para salvarse a sí mismo, sino como un ser capaz de experimentar su propia divinidad. No se habla del pecado ni del arrepentimiento, ni de un esfuerzo para cambiarse. Uno llega a convertirse en su propio salvador, simplemente a través de la práctica de la MT.

Pero no podemos solucionar nuestro problema principal, el pecado, pasando por alto la existencia de éste. Vallés Casamayor razona:

> Y hasta que el hombre no elimine el pecado de su vida yendo a Jesucristo, que es el Cordero de Dios, que quita el pecado del mundo (Jn. 1:29), lo demás, todos los cursos de meditación trascendental y las zarandajas yoguísticas que ofrecen las sectas orientales u orientalizadas, sólo sirven para apartar al hombre más y más de Dios, y de la gracia y del perdón que Él quiere ofrecer a la raza caída.[8]

4. *La MT ofrece soluciones fáciles y rápidas para la ansiedad, las presiones y las tensiones, sin llegar a las raíces.* Es racional que el primer paso debe ser identificar y luego solucionar los problemas que producen el estrés. También pasa por alto a la fe en Dios, como el medio de quitar la preocupación y las tensiones. "Tú guardarás en completa paz a aquel cuyo pensamiento en ti persevera; porque en ti ha confiado" (Is. 26:3; véase Fil. 4:6-9).

5. *Por regla general, la MT es una solución de poca duración.* Además, la investigación de la MT, hecha por científicos, ha demostrado que la técnica no ofrece beneficios físicos que no pueden ser alcanzados, de igual manera, con el simple acto de descansar. Al seguir el plan original de Dios para la revitalización del hombre — el de descansar un día por semana — el cristiano no tendrá necesidad de la técnica de la meditación trascendental.[9]

6. *Las afirmaciones de Maharishi de que no hay conflicto entre la MT y cualquier religión, son basadas sobre la teología hindú*, la cual tiene una cantidad infinita de dioses, tanto buenos como malos. El aceptar uno más, para ellos no significa problema.

El gran apologista contemporáneo, C.S. Lewis, previó que las ideas religiosas importadas del oriente representarían un desafío al cristianismo histórico. Notó que en el conflicto final entre religiones, hinduismo y cristianismo ofrecerían las únicas opciones viables, porque el hinduísmo absorbe todos los sistemas religiosos, y el cristianismo excluye todos los otros, sosteniendo la supremacía de las pretensiones de Cristo.[10]

EJERCICIOS

A. *Emparejamiento.*

___ 1. Karma

___ 2. Hare Krishna

___ 3. Brahman

___ 4. Maharishi

___ 5. Las Vedas

___ 6. Gurú Dev

___ 7. Ciencia de la Inteligencia Creadora

___ 8. Los Beatles

___ 9. Mantras

___ 10. Visnu

a) Un nombre de la MT
b) Miembro de la trinidad hindú
c) Escritura hindú
d) Sus adeptos recitan mantras en la calle
e) La deuda acumulada en la vida conforme a su manera de comportarse
f) Palabras en sánscrito que tienen que ver con las deidades hindúes
g) Promovieron la MT
h) Maestro de Maharishi
i) La infinidad de dioses hindúes son una expresión de él
j) Fundador de la MT

B. *Verdadero o Falso.*

___1. Los promotores de la MT afirman que su actividad puede funcionar en cualquier religión salvo el cristianismo.

___2. El peligro mayor de vaciar la mente durante la MT es que se puede debilitar gravemente la memoria.

___3. Los harekrishnianos creen que se encuentra verdad en

todas las escrituras sagradas del mundo.
___4. Muchos practicantes de la MT llegan a ser panteístas.
___5. La MT, por regla general, produce buenos resultados físicos y emocionales.

CITAS

1. Ramón Vallés Casamayor, *El cáncer del año 2000: Las sectas* (Barcelona: CLIE, 1989), págs. 345-348.
2. Josh McDowell y Don Stewart, *Estudio de las sectas* (Deerfield: Editorial Vida, 1988), pág. 11.
3. Vallés Casamayor, *op. cit.*, pág. 415.
4. Citado por McDowell y Stewart, *op. cit.*, pág. 88.
5. Walter Martin, *The new cults* (Ventura, Ca.: Regal Books, 1980), pág. 93.
6. Maharishi Mahesh Yogi, *Meditations of Maharishi Mahesh Yogi* (New York: Bantam Books, 1973), págs. 17-18, citado por Pat Means, *The mystical maze* (Campus Crusade For Christ, Inc., 1976), pág. 134.
7. "Meditación trascendental", un estudio adoptado por el Presbiterio General de las Asambleas de Dios, 1976.
8. Vallés Casamayor, *op. cit.*, pág. 421.
9. "Meditación trascendental", *op. cit.*
10. Walter Martin, *The new age cult* (Minneapolis: Bethany House Publishers, 1989), pág. 13.

Capítulo 8

LA NUEVA ERA

"Me fascina Shirley MacLaine (actriz cinematográfica y propagandista de la Nueva Era); nos dice todo. Es lo que siempre he creído. ¿Qué materias enseñan ustedes, las cuales me ayudarán a llegar a un conocimiento más amplio de la verdad? Creo que realmente he tenido una existencia anterior. ¿Enseñan ustedes el regreso del hombre desde una vida anterior? Mis padres son miembros de una iglesia bautista y yo soy una cristiana, pero uno puede ser cristiano y a la vez creer en la reencarnación, ¿verdad?."[1]

Estas palabras de una señorita universitaria, quien quiso estudiar religión, ilustran cómo las ideas de la Nueva Era se han infiltrado en la mente de millones de personas, incluso en la de creyentes. Engañan a los cristianos porque mucha de la terminología de la Nueva Era suena compatible con el cristianismo.

Mediante la televisión, la radio, las revistas y otros medios de comunicación somos continuamente bombardeados con sus cuentos de platillos voladores, seres extraterrestres, predicciones de videntes espiritistas, afirmaciones de parasicólogos, entrevistas con gurús y la teoría de la civilización perdida de Atlántida. Poco a poco, estas cosas entran en nuestra mente y sin darnos cuenta, nos alejan de la doctrina cristiana.

A. LO QUE ES LA NUEVA ERA

¿Qué es la Nueva Era? Obviamente no es una iglesia ni una secta herética del cristianismo, pues no forma congregaciones ni enseña ninguna doctrina de la Biblia. Más bien, es un movimiento de personas que creen que el mundo ha llegado a la Era de Acuario, la cual se caracterizará por paz universal e iluminación de las masas.

1. Es una metarred de organizaciones e individuos unidos con valores y conceptos comunes. Elliot Miller, ex participante en el movimiento, la describe como una red, o más exactamente como una metarred (una red constituida por varias redes). Explica así:

> ¿Qué es una red? . . . Las redes son organizaciones típicamente informales y poco unidas que difieren mucho de otras organizaciones, tanto en estructura como en operación. Son compuestas de entidades autosuficientes y autónomas las cuales funcionan simultáneamente como "entidades" independientes y como "partes" interdependientes.2

Concluye que la Nueva Era es una "enorme y poco estructurada red de organizaciones e individuos unidos por valores comunes (basados en el misticismo y el monismo, de la visión global que 'todo es uno') y una visión común (la venida de una 'nueva era' de paz e ilustración masiva, la 'era de Acuario')".3

2. Enseña que el mundo entra en la era de Acuario. Los adherentes de la Nueva Era toman en serio las ideas de la historia según los signos zodiacales. Para los astrólogos, el desplazamiento astronómico del equinoccio vernal (punto de primavera del sol), que cada dos mil años aproximadamente se traslada de una constelación a otra en el zodíaco, es interpretado como algo decisivo para el destino de la tierra.

Cada período, supuestamente, tiene un significado especial. La época de los años dos mil antes del nacimiento de Jesucristo fue la era de Aries, simbolizado por el carnero, el cual sugiere a Dios el Creador. El período de los dos mil años después de Jesucristo es simbolizado por peces y es llamado la era de Piscis. Se le considera un período de tristeza representado por la muerte de Jesús.

En algún punto de este siglo, tal vez en 1962, el punto vernal del sol pasó de la constelación de Piscis a la de Acuario (acarreador de aguas). Puesto que el pez simbolizaba la fe cristiana en la iglesia primitiva, los seguidores de la Nueva Era piensan que el abandono de la constelación de Piscis significa el término de la era de Jesucristo.

Según los astrólogos, Acuario verterá agua sobre el mundo, como símbolo de un nuevo nacimiento espiritual, caracterizado por la promesa de la hermandad universal, el aumento increíble de conocimiento y la liberación de inhibiciones dañinas. Con la ayuda de la meditación, el yoga y psicotécnicas, el nuevo espíritu de este advenimiento llevará a los hombres a la Nueva Era, con sus "sueños dorados" de una "expansión de conciencia", visiones y una verdadera liberación mental. Así, les permitirá llevar una vida "sin dificultades ni problemas".

3. *El carácter multiforme de la Nueva Era.* Bajo su rótulo se encuentran los practicantes de técnicas relacionadas con la salud, alimentación, psicoterapias nuevas, desarrollo mental y parasicología, autoconocimiento, meditación oriental y prácticas místicas.

Los nuevaerianos demuestran gran preocupación por transformar la sociedad. Los frentes de la batalla son precisos: pacifismo, lucha antinuclear y abolición de la guerra; lucha contra el hambre, prefiriendo la frugalidad al consumismo; conservación de la naturaleza y del equilibrio ecológico; lucha contra la contaminación del planeta; defensa de los derechos humanos; término de las crueldades a las cuales son sometidos anualmente trescientos millones de animales de experimentación.

Las ideas de un grupo no son necesariamente las de todos. Existen muchas diferencias de opinión entre ellos aunque referente a ciertas creencias hay bastante consenso.

Los proponentes rechazan los conceptos del cristianismo prefiriendo los del hinduísmo, el confucionismo y el taoísmo. En este movimiento se realiza una síntesis de religiones orientales, seudociencia, humanismo, astrología y espiritismo. Así comprende la clarividencia, la hipnosis, la telepatía, las ideas sobre los OVNIS, los ejercicios de yoga y las nociones reencarnacionistas. Recalcan el pensamiento positivo y aceptan las profecías y revelaciones de los médiums llamados "channelers" (canales). Han entretejido los conceptos en un sistema de doctrina que parece muy lógico y aceptable al hombre moderno.

Los de la Nueva Era procuran unir la ciencia con sus creencias religiosas. Piensan que se puede emplear la metodología científica para explicar la telepatía, la sanidad psíquica y otros fenómenos espirituales. El astronauta Edgar Mitchell, escribió en su libro *Mind At Large* (Mente liberada) que "no hay fenómeno anormal o sobrenatural, sólo existen vacíos en nuestro conocimiento de lo que es natural". No es que Mitchell crea que tal fenómeno tuviera una explicación puramente física, más bien piensa que no hay distinción entre lo físico y lo espiritual; todo es Dios y Dios es todo. Por lo tanto, no existe lo sobrenatural o los milagros.

El hecho de que disfrazan sus conceptos con ropaje secular o como si fuesen ciencia, de que no identifican sus ideas con el ocultismo tradicional, de que promueven la ecología (la preservación de la naturaleza), de que se enseñan en universidades muchas ideas de las religiones orientales y de que muchos personajes políticos y artistas del cine aceptan con entusiasmo sus doctrinas, le ha dado gran ímpetu al movimiento de la Nueva Era.

Paul McGuire, un cristiano, que pasó años en la Nueva Era antes de convertirse, lo ve como "un concepto colectivo del mundo, de gente que busca la espiritualidad adoptando las cosas con que ellos pueden identificarse, como el misticismo oriental. De modo que sí es un gigantesco movimiento religioso".[4]

4. *El desarrollo asombroso de la Nueva Era.* Este movimiento multiforme en que las ideas y tendencias contínuamente remozadas se entrecruzan y contraponen, constituye una corriente en constante crecimiento. Suma ya miles de actividades y varios millones de simpatizantes.

En la década de los años sesenta, el movimiento hippie de América del Norte preparó el camino para la Nueva Era. Muchos de los adeptos de ésta han adoptado las características distintivas de la subcultura hippie, tales como (a) antimaterialismo, que recalca la vida sencilla e idealismo; (b) intentos de desarrollar comunidades utópicas; (c) enaltecer la naturaleza; (d) rechazar la moralidad tradicional, aunque la Nueva Era no propone el sexo libre; y (e) fascinación con el ocultismo. Sin embargo, la Nueva Era abarca no sólo a la juventud y no se caracteriza por un espíritu rebelde.[5]

También los gurús y otros maestros de las religiones orientales comenzaron a llegar a los Estados Unidos en la misma década. Encontraron terreno fértil para sus ideas, en parte porque las presentaban como si fueran seculares y científicas. Muchos norteamericanos se interesaban en las religiones orientales y en el ocultismo porque el materialismo de las teorías de la ciencia y el racionalismo del modernismo protestante no les satisficieron. Deseaban una realidad espiritual, experimentar lo sobrenatural, una identidad auténtica, relaciones humanas significativas, mejor salud y la esperanza de la inmortalidad y de la sobrevivencia del planeta.

Además, la teosofía fundada por "madame" Helen Blavatsky, fusionaba las ideas del hinduísmo y creencias paganas con las del espiritismo. La astrología anunciaba el supuesto comienzo de la nueva era de Acuario proporcionando así un marco para una multitud de ideas y actividades relacionadas con la trasformación de la sociedad y la salvación material del mundo.

Los libros y artículos de varios autores prolíficos y muy articu-*lados abrieron camino para la propagación de las ideas de la* Nueva Era. Escritores tales como Carlos Castaneda y Marilyn Ferguson trataban de misticismo, estados alterados de conciencia y fenómenos psíquicos; Fritjof Capra y Ervin Lazlo presentaban la mitología y la ideología del movimiento y David Spangler y James Sire, la visión planetaria, o sea, global. Otros portavoces que incluyen los pensadores son: el futurista Alvin Toffler, el economista E. F. Schumacher, el historiador cultural Theodore Roszak, el biólogo Jonas Salk, la antropóloga Margaret Mead, la investigadora sobre la muerte y agonía Elizabeth Kübler-Ross y el ex gobernador de California, Jerry Brown.

El movimiento no captó la atención de los medios de comunicación de masas hasta los años 1986-87 cuando se usaron para dar publicidad a la *Convergencia Armónica*, un supuesto "evento cósmico", que reunió a millares de adeptos de la Nueva Era a "sitios sagrados" en muchas partes del globo terráqueo, con el fin de purificarlos y reactivar las exhaustas energías del planeta. El hecho de que la actriz Shirley MacLaine, el profeta psicodélico Timothy Leary, el cantante John Denver, algunos radicales del

Partido Demócrata y un grupo de artistas de Hollywood participaran en la celebración, llamó la atención de los norteamericanos.
A pesar de que las expectativas de los organizadores del evento
no se materializaron — la tierra no se movió, los OVNIS no
aterrizaron y los bailarines solares extraterrestres no aparecieron
— las danzas, cánticos, meditaciones y rituales artísticos fueron
retransmitidos a todo el continente nuevo, por la televisión y por
un especial radiofónico mediante el cual se conectaba con docenas
de grupos convergentes de todo el planeta. De allí en adelante, los
medios de comunicación masivos dan espacio libremente a los
gurús, ocultistas y reformadores de la Nueva Era.

Fue la consagración popular del movimiento de la Nueva Era en
los Estados Unidos que lo convirtió en la última moda. Hacia fines
de la década de los años setenta, una encuesta Gallup revelaba que
el diez por ciento de los norteamericanos habían participado en
alguna forma del misticismo nuevaeriano. El movimiento es muy
popular también en Europa y ha llegado a América Latina. Según la
madre Basilea Schlink, sólo en Alemania, la Nueva Era cuenta con
unos 500.000 adeptos, sin incluir muchísimos simpatizantes más.[6]
En Santiago, Chile, los proponentes de la Nueva Era son dueños de
un canal de televisión y han constituido un partido político.

En Estados Unidos y Canadá existen más de 2.500 librerías
dedicadas a vender publicaciones de la Nueva Era y del ocultismo; los títulos de sus libros han aumentado diez veces durante la
década de los años ochenta, llegando a ser miles de libros al año,
incluyendo unos cuantos "best sellers" permanentes, como Shirley MacLaine o Carlos Castaneda. El valor de todas las publicaciones sobre el tema excede US$1.000.000.000.[7] Ofrecen numero-
sas revistas tales como *Nueva era* (con cerca de un millón de
lectores), *Nuevas realidades, Nuevas direcciones, Tiempos cambiantes,
Oriente-occidente* y *Vida total.*

Empresas y profesionales se aprovechan de la popularidad del
movimiento para vender sus productos. Cursos de sanación en
Brasil, viajes metafísicos con el cuerpo astral en los sueños a
lugares sagrados de todo el mundo, artefactos de cuarzo y otros
talismanes o acumuladores energéticos. El vender productos y
servicios relacionados con la Nueva Era ha llegado a ser un

enorme y lucrativo negocio para toda clase de curanderos, charlatanes y embaucadores.

Un aviso en la revista nuevaeriana, *Uno Mismo*, publicado en Chile, nos da una idea de lo que se ofrece. Se llama el centro "Puente de Luz: abriendo la Visión Interior"; Gina Nanetti es la psicoterapeuta espiritual:

- Regresiones (a vidas anteriores de la persona)
- Desbloqueo de emociones
- Corte y liberación de ataduras
- Relajación a estados profundos
- Armonización de los cuerpos energéticos y chacras

También la gama de temas que abarca la Nueva Era siempre va en aumento. Incluyen el feminismo, parto natural, relaciones humanas, educación, música, arte, arquitectura, urbanismo, política, economía, y otros. Ello demuestra una preocupación por las posibilidades de cambio en todos los aspectos de la vida.

5. *El testimonio de un ex-adepto.* Paul McGuire narra su experiencia en el movimiento:

> Sentía un tremendo vacío espiritual. Por eso leía libros de Edgar Cayce (espiritista) y comencé a entrar por mí mismo en estados de trance. Entonces Timothy Leary estaba hablando de "sintonizarse, encender y salir" y comencé a tomar LSD. Me involucré con el misticismo oriental y estudié el Zen, el budismo y el hinduísmo. Tomé un libro de Baba Ram Dass, llamado *Sé aquí y ahora*, y fue mi Biblia.

> Meditaba en él durante horas y recitaba en tono monótono "Ommmm..." (Según el hinduísmo, *om* es el zumbido primordial del universo y simboliza a Brahma, el dios creador).

> Cuando fui a la Universidad de Missouri en 1974, tenía un nuevo curso acreditado, llamado "Estados alterados de conciencia". Asistían gurús a las clases y daban conferencias, y eso comenzó a amplificar mis experiencias. Usando drogas psicodélicas me comunicaba a través de

espíritus guías y experimentaba una conciencia cósmica, y tenía un grado de proyección astral y viaje del
alma. Experimentaba con telepatía y comencé a involu-
crarme en el yoga.[8]

B. CONCEPTOS CLAVE DE LA NUEVA ERA

Los pensadores de la Nueva Era difieren entre sí en cuanto a
algunos detalles de sus ideas, pero en general sostienen las siguientes nociones:

1. *Dios.* Los promotores de este movimiento aceptan el panteísmo monístico, es decir, todo es uno y todo es Dios. Según ellos,
Dios es un ser con "muchas caras"; se le describe como "conciencia
universal", "vida universal" o "energía universal". Es una fuerza
más o menos impersonal, que satura todo el universo y es inseparable de él. Su noción de la deidad nada tiene que ver con la de la
Biblia, más bien, proviene del concepto hindú.

Martin contrasta este concepto nuevaeriano con el de la Biblia.

Mientras que el cristianismo histórico cree que el hombre era separado de Dios por su transgresión a la ley de
Dios, el movimiento de la Nueva Era cree que el hombre
es separado de Dios *solamente* en su propia conciencia.
Es víctima de un sentido falso que le ciega a su unidad
esencial con Dios.[11]

2. *Conciencia planetaria.* El mundo ha llegado al momento en que
los medios de comunicación nos permiten conocer al instante lo
que sucede al otro extremo del globo, los aviones nos trasladan a
cualquier parte de la tierra en pocas horas y por la telemática
podemos intercambiar información con muchos puntos del planeta simultáneamente.

Todo ello contribuye a gestar una civilización planetaria cre-
cientemente interactiva, de manera que lo que sucede en un punto
del globo repercute necesariamente en los restantes. Todo sucede
como si los millones de vehículos que surcan la tierra, el mar, el
aire y los medios de comunicación, hubiesen cubierto la tierra con
un tejido cada vez más tupido. Por esto, Lovelock y los teóricos
de la Nueva Era la consideran un ecosistema integrado, un autén-

tico ser vivo, y la dotan de un sistema nervioso convirtiéndola en un organismo conciente. Todos los medios de comunicación contribuyen a dotar a la tierra de este sistema. Ello marcaría el comienzo de la *conciencia planetaria*.

Las personas que son motivadas por la conciencia planetaria piensan en términos de todo el mundo y toda la humanidad en vez de términos de su propia nación, raza o religión. Sienten que ya no hay fronteras en esta "aldea planetaria". Se sienten ciudadanos del mundo y apoyan la creación de una Federación Planetaria de los Pueblos que permita atacar los problemas de la humanidad y luego salir al espacio unidos.[12]

3. *Otros mundos y seres extraterrestres.* La conquista espacial de otros mundos y la posibilidad de ponernos en contacto con seres extraterrestres son probablemente los dos ejes de la Nueva Era que mayor impacto tienen sobre la opinión pública. Se interesan en proyectos científicos de búsqueda de inteligencias extraterrestres, de colonias orbitales y migraciones interestelares. Se imaginan que somos visitados por seres extraterrestres preocupados por nuestra supervivencia, e incluso, ciertas películas, como *E.T.*, siembran abundantemente tales ideas.

4. *Holismo.* La visión holística, global o integral de todas las cosas del universo, es el concepto más fundamental y central del movimiento. Se cree que todo, incluso Dios, existe en una interdependiente totalidad, que la relación existente entre las partes es más importante que las partes mismas. Los teóricos lamentan que el mundo no reconozca la conexión que hay entre las partes.

Referente al universo, Capra explica:

> Ya no se puede percibir al universo como una máquina compuesta de una multitud de objetos, sino que tiene que ser visto como una totalidad indivisible y dinámica, cuyas partes están esencialmente interrelacionadas y pueden ser entendidas solamente como pautas de un proceso cósmico.[13]

Como todo en la Nueva Era, la concepción de la salud pretende ser holística. Se considera al hombre como un sistema formado por multitud de subsistemas, cuyo funcionamiento está basado en un perfecto equilibrio energético. Una parte fundamental de estos subsistemas serían invisibles, ya que se entienden como psíquicos o como sutiles cuerpos energéticos o espirituales.

El medio debe actuar siempre teniendo en cuenta esta unidad y el equilibrio ecológico del organismo intentando corregir la disfunción de un órgano, usando medicinas que no perjudiquen a los restantes.

Se pone el énfasis no en la enfermedad sino en la persona, no en la recuperación de la salud sino en su conservación, no en la sanidad de la enfermedad sino en la prevención. Señala que la salud está relacionada con la alimentación, el modo de vida y el bienestar psicológico.

El cristiano puede estar de acuerdo en muchos aspectos con esta filosofía pero lo que no es bueno es que el paciente frecuentemente — como alternativa o complemento a la atención médica — recurra al sanador psíquico. Este intentará restablecer su equilibrio con la energía de sus manos, como el acupuntor lo hace con sus agujas, práctica peligrosa, pues tal práctica tiene relación con el espiritismo. No obstante los aparentes beneficios de la sanación psíquica, ésta puede abrir a la persona a la decepción del ocultismo e incluso a la opresión demoníaca.

En la Nueva Era el famoso "toque terapéutico", práctica de poner las manos sobre el enfermo, está basado sobre la doctrina hindú de que el *prana* o "la energía universal de vida" fluye por el cuerpo. El curandero, por regla general, lo imparte estando en un trance. (No debemos confundir, sin embargo, la práctica bíblica — Marcos 16:18 — con su contraparte pagana.) Así, la persona se abre a las fuerzas del maligno.

La Nueva Era también busca soluciones holísticas a los problemas planetarios y esta preocupación les lleva a la visión de un mundo unido como una enorme comunidad. Es obvio que las naciones tendrán que actuar juntas para evitar la destrucción ecológica de la naturaleza y la catástrofe universal por una guerra nuclear. Sin embargo, siempre existe la posibilidad de que se establezca un nuevo orden, un gobierno y una religión mundial en pro de la paz y de la conservación de la humanidad. Puede ser que esto prepare el escenario para el dominio del anticristo.

5. *La madre tierra*. Aunque muchos de los nuevaerianos creen que tienen una afinidad con el cristianismo, otros buscan la "maravillosa sabiduría" de los paganos antiguos. Se acepta abiertamente que algunas civilizaciones, hasta hoy, consideradas inferiores, tienen mucho que enseñarnos.

"Según esta nueva visión del pasado, los antiguos poseían ya una multitud de descubrimientos científicos, tecnológicos y religiosos, y el fin de la Atlántida (continente mítico que supuestamente se hundió en el océano Atlántico) habría sido un aviso de lo que puede ocurrir con nuestra civilización. Pirámides y cristales de cuarzo atribuidos a los atlantes se convierten en herramientas psíquicas de todo uso: astrología, tarot, magia, alquimia, chamanismo, tai-chi, yoga, zen o sufismo, en vías de la autorrealización."[14]

Más y más teóricos de la Nueva Era tienden a considerar que el globo terráqueo es una diosa, "la madre-tierra", y a abandonar el concepto del "Padre celestial".

Observa Mark Satin:

> El culto religioso ya ha comenzado a depender menos de la tradición del dios celestial y más de la diosa terrenal. Como percibe el psociólogo Robert Bellah: "Las religiones del cielo ponen el énfasis en lo paternal, jerárquico, legalista y ascético, mientras que la tradición de la tierra recalca el aspecto maternal, comunal, expresivo y gozoso de la existencia."[15]

Aparentemente Satin piensa que podemos aprender más de los indios primitivos de América del Norte acerca de las cosas espirituales, que estudiando la Biblia. José Argüelles, profesor de arte y fundador de la red creativa internacional *Planet Art*, llegó a la conclusión de que habría un acontecimiento trascendental e interplanetario en 1987, estudiando diversas profecías aborígenes: lakotas, hopis y zapotecas. Los adeptos de la Nueva Era se congregaron en los lugares sagrados de los antiguos paganos — Macchu Picchu, Teotihuacán y la Gran Pirámide egipcia — en la Convergencia Armónica, pero nada sucedió.

Hace tiempo que los teóricos de la Nueva Era hablan acerca de un cerebro global. Robert Muller, miembro de una comisión de las Naciones Unidas, explica que la humanidad está evolucionando hacia una coherente forma global, mejor descrita empleando la metáfora de un cerebro humano. Cada persona, joven o anciano, capacitado o incapacitado, es una neurona importante en el naciente cerebro planetario, el cual está constituido de una multitud de redes entre la gente.[16]

Para muchos nuevaerianos, sin embargo, el cerebro global es más que una metáfora. Pregunta McLuhan: "¿Podría ser que la actual conversión de nuestra vida en una forma espiritual de información, logre la transformación del globo entero y de la humanidad en una sola conciencia?"[17] Ya hablan los de la Nueva Era sobre la tierra como un organismo, un ser viviente. Algunos ya lo llaman *Gaía*, nombre griego para la diosa de la tierra. ¿Por qué propagan este mito pagano? Primero, porque la noción de que la tierra es un ser sagrado ayudaría a la campaña ecológica. También, está de acuerdo con su teoría evolucionaria de que la integración de humanidad consigo misma y con todos los sistemas de la tierra resultaría en crear algo aún mayor, pues la totalidad es siempre mayor que la suma de sus partes.

Se nota el desarrollo de este concepto idolátrico en las palabras de Ray Grigg, un escritor de la Nueva Era:

> Manténgase próximos a la Gran Madre. ¿A qué otro sitio retornamos siempre? Somos sus frutos y sus granos. Enraizados en su suelo, crecemos donde estamos. Surgimos de ella y somos nutridos y cosechados por su sabiduría.[18]

"Se cree también que los seres humanos reciben bio-ondas, o sea, bioenergía de la Madre Tierra, 'puesto que cada uno de nosotros es un puente entre la tierra y el cielo'. Por esto se recomienda que la gente se descalce y camine algunos minutos sobre el césped cada día. Un escritor advierte: 'La desvinculación de nuestro ser con el suelo — por suma de suelas de zapatos, asfaltos o alturas edilicias y pisos plásticos — genera una serie de déficits energéticos . . . Perder contacto con el suelo determina a la larga o a la corta distonías surtidas, y eventualmente anomalías psicosomáticas.' "[19]

Elliot Miller, un investigador evangélico de las sectas falsas, se lamenta: "¿Cómo pueden los occidentales con una herencia cristiana de casi mil setecientos años, desviarse tan lejos de su amarradero? . . . En un sentido trágico, es un ejemplo del proverbio bíblico (2 P. 2:22): 'El perro (un término que Jesús usa para indicar a los gentiles) vuelve a su vómito' (es decir, a la idolatría de su distante pasado)".[20]

6. *Conciencia como la única realidad.* Los nuevaerianos creen que el mundo físico consiste en conciencia, y la mente de los individuos es parte de la conciencia universal. No hacen distinción entre la ciencia objetiva y la subjetiva. La conciencia llega a ser la explicación de todo fenómeno, psíquico y físico, o sea, la última realidad. Hasta el mundo mismo no es nada más que un *nivel de realidad* construido matemáticamente por nuestros cerebros.

Los proponentes de la Nueva Era procuran precipitar una revolución de conciencia, o sea, crear una nueva visión global. La esencia de la nueva conciencia es percibir la unión del individuo con Dios, toda la humanidad, el mundo y el universo entero; es reconocer que el universo es Dios y Dios es el universo. El resultado sería la unificación de la ciencia y la religión.

Emplean algunas psicotécnicas para llevar a la persona a experiencias místicas en las cuales sienta que trasciende su individualismo y se identifique con la totalidad de la realidad; que todo es uno y la naturaleza del Uno (Dios) tiene que ser conciencia. Las psicotécnicas usadas para alterar la conciencia son la meditación oriental, la visualización creativa (las personas yacen en el suelo, cierran los ojos y vacían sus mentes, mientras que el líder describe gráficamente tal cosa como un viaje imaginario) y el recitar monótonamente ciertas palabras. Por regla general, las experiencias místicas convencen a la persona de que es uno con Dios y que Dios es todo (el monismo panteísta). A veces la persona escucha voces de espíritus hablándole.

7. *La transformación personal: el nacimiento psíquico.* Los teóricos de la Nueva Era sinceramente quieren salvar al mundo y muchos de sus valores son compatibles con los de los cristianos. Se dan cuenta, sin embargo, de que no pueden lograr sus fines sin transformar la sociedad, y esto no es posible sin cambiar primero al individuo. Durante el último siglo hemos presenciado un cambio

creciente en nuestro entorno debido a la aceleración explosiva del desarrollo externo. Este no se ha visto acompañado por el correspondiente cambio interno en el individuo y ello nos ha llevado a una situación de crisis individual y colectiva.

La historia de los dinosaurios nos enseña que si el hombre no se adapta a los cambios del medio, éste desaparecerá. Por ello, para sobrevivir al reto actual, hace falta un cambio interno, una profunda transformación de la naturaleza humana. El Nuevo Testamento ofrece tal transformación a través del nuevo nacimiento, pero los nuevaerianos abogan más bien por un nacimiento *psíquico*, una vivificación de su conciencia espiritual y la dotación de un poder *aparte* de la expiación efectuada por Cristo y la obra regeneradora del Espíritu Santo.

Los proponentes del cambio psíquico están persuadidos de que el hombre está en proceso de evolución, el cual se lleva a cabo por mutaciones. Pero, a diferencia de otras mutaciones anteriores, el *homo sapiens* está participando en la gestación del hombre nuevo. Su calidad de animal histórico, acumulador de experiencia social, le permite participar en su propio proceso creativo.

Modifica su propia estructura biogenética hasta extremos inimaginables o suple sus múltiples limitaciones con asombrosos avances tecnológicos. También participa en este proceso convirtiéndose en explorador y conquistador de su propio espacio interior, merced a las diversas psicotécnicas que le permiten experimentar estados de conciencia tan diferentes a los que experimentamos usualmente, como por ejemplo el sueño. Se realiza el descubrimiento del yo profundo que nos permitiría dejar atrás las necesidades egocéntricas y los múltiples problemas psíquicos que conllevan.

Dicen además, que podemos descubrir potencialidades desconocidas dentro de nosotros mismos y desarrollar habilidades que hoy por hoy nos parecen imposibles de realizar.

Según ellos, la nueva humanidad estará basada en el amor y se caracterizará por la perspectiva holística: cada individuo estando conciente de su unión con Dios, con el resto de la humanidad y con su ambiente. Por lo tanto, desaparecerán tarde o temprano la amenaza de guerra, el desastre ecológico y el colapso socioeconómico.

Todo esto parece muy lindo, pero el nacimiento psíquico y el desarrollo de la potencialidad humana no solucionará el problema principal del hombre: su pecaminosidad y alejamiento de Dios. Si no es regenerado espiritualmente, quedará un ser dominado por su naturaleza caída. La transformación psíquica producida por estados alterados de conciencia puede producir un sentido de paz y unión con el universo, pero esto es sólo un sustituto de la verdadera reconciliación con Dios y la seguridad de la vida eterna.

8. *Channeling (canalización).* Uno de los aspectos más reprobables y paganos de la Nueva Era es la práctica de *"channeling"*, o sea, la comunicación con supuestos difuntos o con inteligencias sobre humanas. Rodeados por un público que paga elevadas sumas por la función, los *"channelers"* — término que ha venido a sustituir al de médiums — caen en trance y prestan su cuerpo a *espíritus - guías* de todo género, desde guerreros atlantes a extraterrestres. Estos espíritus imparten las más variadas enseñanzas y responden a las preguntas y problemas del auditorio.[21]

Hay una verdadera plaga de semejantes médiums en el viejo y nuevo continentes. En los Estados Unidos el *channeling* es "pop". La mayoría de los adeptos del movimiento incluye las enseñanzas de los *channelers* en su dieta espiritual de cada día.

El más notorio guía espiritual se llama Ramtha, el cual habla a través de una mujer atractiva, J. Z. Knight, quien vive en Washington, D.C. Según ella, él se manifestó como un guerrero transparente de más de dos metros de altura. Se presenta como un guerrero-rey, que conquistó la legendaria Atlántida hace treinta y cinco mil años. Luego fue a la India, donde fue iluminado, ascendió a etapas más elevadas y finalmente fue exaltado como un dios hindú, Rama. Mucha gente se congrega para escuchar este espíritu que habla con voz masculina y muestra conocimiento asombroso de detalles de las vidas de los oyentes. Así, el espiritismo pasa de las sesiones espiritistas a las salas grandes y públicas. Se calcula que Ramtha cuenta con unos treinta y cinco seguidores, incluso famosos actores y actrices tales como Shirley MacLaine, Linda Evans *(Dinastía)*, Burt Reynolds y Phillip Michael Thomas *(Miami Vice)*.

Centenares de "canales" (médiums) han hecho un gran negocio

de su arte. Algunos cobran hasta cien dólares cada hora por comunicar consejos de sus guías. Los *channelers* no parecen querer nuestra alma, sino nuestro dinero, aunque suelen quedarse con ambos. ¿Qué clase de consejos dan? Un aviso del *channeler* Taryn Drive la revela.

> A través de Taryn, numerosos guías espirituales presentan sus enseñanzas y mensajes. Contestarán sus preguntas referente a esta vida y vidas anteriores. Le ayudarán a identificar las lecciones de su vida y a quitar los impedimentos contra su más alto potencial para vivir y amar . . .
> * Aprender a comunicarse con su ego más elevado.
> * Conocer a sus guías espirituales.
> * Aprender a recordar sus vidas pasadas y a poner en libertad sus influencias . . . [22]

Ha surgido también un nuevo profetismo entre los *channelers* y videntes de la Nueva Era. Se anuncian duras pruebas para los próximos años: aberraciones climáticas, terremotos e inundaciones que devastarán al Japón, las costas americanas y parte de Europa. Culminarán con una súbita catástrofe, con la desviación del eje terrestre y con la entrada en el sistema solar de un enorme cuerpo celeste, lo que producirá un caos absoluto seguido por un período de reconstrucción.[23]

Pero todo esto forma parte de la *Gran Purificación* anunciada por los indios Hopi, una suerte de "limpieza de primavera" que barra el karma colectiva antes de que se inicie la Nueva Era. Son estertores de un fin del mundo, pero también dolores de parto de un mundo nuevo.[24]

Observamos que estas profecías son muy parecidas a las que se hallan en el libro de Apocalipsis. ¿Cómo podemos explicar esta similitud? Satanás y sus seguidores espirituales conocen las Escrituras, de otro modo el adversario no hubiera podido citarlas en la tentación de Jesucristo. No saben, sin embargo, los detalles y es probable que las profecías de los demonios, a través de los *channelers*, son adivinanzas basadas sobre ciertos conocimientos de la situación de la naturaleza.

C. LA TEOLOGÍA DE LA NUEVA ERA

La Nueva Era recalca la experiencia mística más que un sistema de doctrina bien estructurada. Cientos de miles de personas han convertido la búsqueda interior de Dios, de la trascendencia y del sentido de la existencia, en su aventura vital. Aunque en ocasiones participen de algún grupo o cuentan con un maestro, desean hacer su propia experiencia mística. Lo suyo es una religión interior, personal, sin necesidad de doctrinas ni cuidadores. El mundo y el cuerpo se convierten en supuestos templos de Dios o más bien en vehículos de la fuerza impersonal.

Por otra parte, la mayoría de los practicantes del movimiento han recibido enseñanzas provistas por un próspero supermercado espiritual integrado por centenares de sectas, gurús, mesías, profetas, médiums, grupos ocultistas y orientalistas de todo género. El tremendo volumen de literatura escrita por los teóricos nuevaerianos, sin embargo, ha dado el resultado de seleccionar y ampliar ciertas ideas teológicas que prevalecen en sus filas. Las que más nos interesan son las que se oponen a nuestra fe cristiana. Presentaremos algunas de ellas.

1. *El misticismo oriental.* En un sentido la Nueva Era es la expresión occidental del hinduísmo. Sus creencias básicas son casi iguales como las de los orientales: panteísmo, karma, reencarnación y viajes astrales fuera del cuerpo. Algunos de sus adeptos son enseñados por swamis y gurús hindúes. Practican la meditación trascendental y el yoga, como medio de reducir el estrés, que genera conflictos en las relaciones interpersonales.

Sin embargo, los de la Nueva Era rechazan ciertos conceptos del hinduísmo. Según esta religión hay conflicto entre lo terrenal y lo espiritual y los que buscan a Dios deben renunciar al mundo de los placeres temporales y las responsabilidades de esta vida, pues el mundo es *maya* (ilusión) y forma un impedimento para disfrutar la dicha eterna. A los iluminados, todo es Dios y los eventos históricos, siendo ilusorios, carecen de importancia duradera. Por lo tanto, el hinduísmo oriental tiende a negar al mundo.[25]

En contraste, la Nueva Era recalca el valor de las realidades temporales: personas, cultura, educación, ciencia y política. Muestran gran interés en lograr salud, paz universal, unificación y equilibrio ecológico. Se deleitan en explorar, tanto su propio interior a través de la meditación, como el mundo a su derredor. Quieren cambiar la sociedad y no escaparse de ella. Procuran satisfacer sus propios deseos, tomar la acción social para mejorar el mundo y, a la vez, ser místicos desarrollando su conocimiento personal de Dios.[26]

Sobre todo, los de la Nueva Era quieren autorrealizarse, alcanzar su plena potencialidad y llegar a Dios. Para lograr la última experiencia, algunos usan drogas, otros recurren a la meditación oriental o cualquier otro método nuevo que produce estados alterados o místicos de conciencia. Muchos testifican que así experimentan iluminación, paz y un sentido de seguridad.

2. *El Cristo*. Aunque la Nueva Era habla acerca del Cristo y su regreso, no se refiere a la idea cristiana del Señor. Se rechazan las doctrinas de que Jesús es el único Hijo de Dios que vino para ser un sacrificio por los pecados del mundo y que volverá, algún día, en una nube de gloria, para establecer su reino en la tierra. Para los adherentes de este movimiento, el término "Cristo" se refiere a un "espíritu universal" o una "fuerza cósmica". David Spangler explica.:

> ¿Qué es el Cristo? Dentro de toda vida existe una cualidad, una energía, la cual se caracteriza como un crecimiento y expresión irresistible e inevitable de divinidad.[27]

> El verdadero nacimiento del Cristo no fue el nacimiento de Jesús. Jesús fue un individuo quien por sí mismo tuvo que recapitular ciertas etapas. Edificó sobre la pauta que el Buda había establecido.[28]

Shirley MacLaine expresa la misma noción:

> La conciencia de Cristo no es un atributo exclusivamente cristiano. Cristo, debemos recordarlo, no es el nombre del hombre llamado Jesús, sino un término cuyo significado literal es "el ungido", cuyo significado místico, o más bien psicológico, es de "conciencia liberada o espiritual". Podemos creer que Krishna y Buda poseían igualmente la conciencia de Cristo.[29]

Según el pensamiento de John Van Auken, Jesús fue "la primer alma que se ofreció para someterse a todas las pruebas, vencer todas las tentaciones, hacer que se desvanecieran todas las ilusiones, superar todos los desafíos y alcanzar la perfección".[30] No obstante esto, Jesús fue meramente un hombre, un gran maestro; quizá incluso un yogi, un avatar (persona que ha progresado en sus reencarnaciones al punto de no tener que seguir reencarnándose; una persona que manifiesta la verdad divina), o un hombre igual a Buda.

Se habla acerca de la segunda venida del Cristo. Para muchos proponentes del movimiento, esto se refiere a la iluminación de la gente del mundo, o sea, la entrada de la luz de la Nueva Era en la sociedad. Sin embargo, para algunos, se refiere a la manifestación del gran Maitreya, cabeza de la jerarquía de seres divinos y maestros y superior a Jesús, quien era uno de sus discípulos.

3. *La Biblia y la revelación divina.* Los seguidores de la Nueva Era a menudo emplean términos bíblicos y hacen uso caprichoso de ciertos pasajes de la Biblia, para apoyar en ellos sus teorías. Por ejemplo, dicen que el nuevo nacimiento enseñado por Jesús se refiere a la reencarnación o la iluminación que transforma a la persona. Sostienen a menudo que sus opiniones son compatibles con el cristianismo. Sin embargo, niegan que la Biblia es la infalible Palabra de Dios, sostienen que es incompleta en su revelación y que se han omitido deliberadamente verdades importantes en ella, o incluso que la Biblia fue tomada de la literatura reencarnacionista del oriente.

Piensan que es necesario reunir toda la sabiduría de todas las religiones para formar una nueva religión mundial. La Nueva Era rechaza rigurosamente la fe judío-cristiana, considerándola como un sistema anticuado de creencias que causa divisiones, y sostiene que el mundo debe ser liberado de estos "modelos negativos de pensamiento".

Sin embargo, los pensadores de la Nueva Era no tienen criterio objetivo para seleccionar la verdad y rechazar lo espurio. Si no tenemos criterio para distinguir lo auténtico de lo imaginario, en la experiencia mística o en las religiones paganas, entonces nos conviene buscar la realidad en otra forma. Si la Última Realidad se ha dado a conocer en una manera objetiva, entonces el buscador podría valerse de lo que Platón denomina "un pasaje más seguro y menos peligroso . . . en una comunicación más segura, es decir, alguna palabra de Dios".[31]

4. *La moralidad.* Aunque pocos son muy inmorales, los adherentes de este movimiento niegan que existan absolutos morales. Aseveran que no hay un sistema de principios morales que se pueda aplicar a todos. Cada persona crea su propia realidad y tiene sus propios valores. Como dioses, pueden crear su propia verdad.

5. *La reencarnación y el karma.* Puesto que la Nueva Era rechaza las doctrinas cristianas — la salvación mediante la expiación hecha por Jesucristo, la resurrección, el juicio final, el cielo y el infierno —, adopta otro método, el karma del hinduísmo. Se debe entender la reencarnación como el paso necesario a la doctrina del karma. Si no fuera por el karma, la noción de la reencarnación no tendría fundamento en que apoyarse.

¿Qué es el karma? Este término se refiere a la deuda acumulada contra el alma, como resultado de acciones buenas o malas, cometidas durante la vida o vidas. Si uno acumula buen karma, será reencarnado en condiciones mejores, pero si acumula mal karma, será reencarnado en condiciones peores. Los hindúes, en la India, enseñan que el alma que no se comporta bien (acumula karma malo) en una vida, probablemente será reencarnado en una vaca o aun en un insecto repugnante, como una araña. Pero, los teólogos de la Nueva Era limitan las reencarnaciones a seres humanos; no enseñan que las almas de los muertos serán reencarnadas en animales, plantas o insectos.

Así que, la doctrina del karma enseña que toda alma abre paso en su camino hacia la perfección, basándose en la superación de las imperfecciones de las vidas pasadas. Dado que nadie es perfecto en esta vida, es necesario que cada alma pase por muchas vidas, posiblemente de treinta hasta cincuenta, para alcanzar esta meta. El buen karma personal de las vidas anteriores le podría acumular créditos que servirían para pagar la deuda kármica. Esta idea, sin embargo, presenta un gran problema, pues pocas personas han alcanzado hasta ahora ese nivel de perfección, si es que alguna lo ha hecho.

¿Cuál es el estado final de la persona, que finalmente acumula suficientes méritos para salir de la rueda del sufrimiento del karma? Unos creen que el alma se integra en una unión cósmica. Otros emplean la expresión hindú "nirvana", para describir la absorción de la personalidad en el éter cósmico. Por otra parte, hay quienes ven el nirvana como la extinción eterna.

¿Cómo saben a ciencia cierta que la reencarnación es un hecho verdadero? Los reencarnacionistas admiten que no recuerdan las vidas anteriores, al menos sin ayuda. Por otra parte, afirman que los médiums psíquicos, los clarividentes y los hipnotizadores, pueden darles a conocer sus vidas pasadas. La señorita MacLaine afirma que ha encontrado otro método: la acupuntura psíquica, la cual "elimina los bloqueos de su mente y le permite comunicarse con el pasado mediante una especie de memoria celular". Sin embargo, ha confesado que lo que aprendió por este medio, puede ser el producto de su propia imaginación, semejante a la fantasía.

Defensores de la noción de la reencarnación, arguyen que muchas personas experimentan recuerdos de una vida anterior. A algunas les parece que han visto el mismo lugar anteriormente o han conocido previamente a alguien, aunque saben que le ven o conocen por primera vez. Los reencarnacionistas afirman que es evidencia de que uno realmente visitó el lugar o conoció a la persona en una vida anterior.

Martin explica este fenómeno:

> El recuerdo intuitivo puede ser explicado señalando que cuando una persona siente que ya estuvo en alguna parte o ya había conocido a alguien, experimenta simplemente un intento de su subconciencia, para relacionar la actual experiencia con algo del pasado. Por ejemplo, una persona puede haber visto un cuadro o una fotografía del individuo o lugar y, aunque no puede recordar que lo ha visto, su subconciencia relaciona el encuentro al cuadro o a la fotografía, produciendo en la persona la impresión de que ya había estado allí o había conocido a la persona en una vida anterior.[32]

D. ¿POR QUÉ LOS EVANGÉLICOS RECHAZAN ROTUNDAMENTE LA NUEVA ERA?

1. *El concepto panteísta de Dios haría a Dios el autor del mal y haría al hombre una parte de Dios.* Si todo es uno y Dios es todo, entonces Dios abarcaría el mal y el hombre sería un pequeño dios. Para encontrar a la divinidad, el hombre miraría dentro de sí mismo.

En contraste, la Biblia enseña que Dios está tanto dentro de su universo como por encima de ello, tiene esencia e identidad distintas de la creación, es Creador de todo salvo del mal, el cual entró en el universo cuando pecó la primera pareja. Aunque hecho a la imagen de Dios, el hombre no es una parte de Dios sino un ser aparte. Sin embargo, el Espíritu de Dios mora en el creyente y éste puede ser un participante de la naturaleza divina en el sentido moral.

2. *Los métodos de la Nueva Era para acercarse a Dios carecen de validez y solamente engañan a los que los practican.* Elliot Miller, ex adepto de este movimiento y convertido a Cristo, experimentó que las drogas le abrieron la mente a una esfera espiritual, pero tal estado no era propiamente de Dios. Esta experiencia le dio una falsa iluminación, una paz irreal y un aparente sentido de seguridad. Por fin se daba cuenta de que estaba en la senda de decepción y destrucción.

El testifica que el uso de las drogas, la meditación oriental o cualquier otro método (nuevo) de producir estados alterados o místicos de conciencia, no son caminos válidos para llegar a Dios. "Es posible tener una experiencia espiritual — aun sentirse felizmente iluminado y sereno — sin experimentar realmente a Dios. La maldad espiritual (el demonio) puede disfrazarse como el bien espiritual (2 Co. 11:14), y los estados de conciencia semejantes a trances, tienden a abrir a la persona para recibir tales influencias."[33]

3. *La doctrina de la reencarnación no tiene fundamento ni en la revelación divina ni en la experiencia humana.* Esta enseñanza se basa en la idea de la preexistencia de las almas, de que son inmortales desde el principio. Los cristianos creen también que su alma es inmortal, pero sólo en cuanto a su futuro; el alma no existe antes de que sea creado el cuerpo físico.

Se puede dar una explicación racional a la sensación de que uno haya visto anteriormente un lugar o conocido anteriormente a una persona, los cuales le eran desconocidos hasta el momento de verlos. No es necesario creer que tal fenómeno es evidencia de una vida anterior. Es altamente dudoso que los hipnotistas puedan sacar de la memoria de otros, recuerdos de vidas anteriores, pues ellos mismos admiten que sus pacientes son muy susceptibles a la sugestión en las sesiones de hipnotismo. Tampoco son confiables las revelaciones de los espíritus, que se comunican a través de los médiums, pues son demonios engañadores.

Los resultados en la India de la doctrina reencarnacionista señalan el mal de ésta. Millones de personas han sufrido hambre, humillación y discriminación, bajo un sistema social de castas, debido al hecho de que la idea de la reencarnación les obliga a quedarse en una casta particular, generación tras generación, sin posibilidad de escaparse. Hasta hoy, gente que cree esta doctrina, permite que sus hijos mueran de hambre mientras que las ratas y las vacas sagradas viven seguras. La pobreza, la miseria y el padecimiento de las masas de aquel país reflejan la falsedad de su religión.

En contraste a la promesa del karma, el futuro del creyente en Cristo no está condenado a una cadena interminable de nacimientos y muertes en un mundo material. La Biblia enseña claramente, que la vida de ultratumba está determinada por la relación que uno tenga con Dios, durante su única vida en la tierra. No se salva por su propio esfuerzo, sino por la redención provista por el Salvador. El destino final del cristiano no es ser absorbido en el éter cósmico, sino ser resucitado y vivir gozosa y eternamente en la presencia de Dios.

4. *La Biblia es la única y completa revelación divina.* Para saber la verdad referente a las cosas espirituales no es necesario recurrir a las enseñanzas confusas y, a menudo contradictorias, de astrólogos, espiritistas, gurús orientales o los viejos conceptos de escritos sagrados de los paganos. Las Escrituras judío-cristianas arrojan pura luz; las otras fuentes, densas tinieblas.

5. *Los cristianos esperan la segunda venida del Señor Jesucristo y no la Era de Acuario o el regreso del Maitreya.* Esta Segunda Venida inaugurará la verdadera nueva era de justicia y paz universales. Así que el cristianismo rechaza la Nueva Era, porque ésta sostiene

que Dios no es personal, sino una fuerza cósmica, deidifica al hombre, rebaja a Cristo, promueve el contacto con los demonios, relativiza la moralidad y reduce la religión al panteísmo y misticismo orientales.

EJERCICIOS

A. *Emparejamiento.*

____1. Nuevo nacimiento

____2. Ramtha

____3. Maitreya

____4. Channeler

____5. Cristo

____6. Panteísmo monístico

____7. Gaía

____8. Holismo

____9. Om

___10. Convergencia armónica

a) Médium de la Nueva Era

b) Un espíritu universal, una fuerza cósmica.

c) Gran avatar que supuestamente volverá para inaugurar la nueva era.

d) Todo es Dios y Dios es todo.

e) Espíritu que comunica través de la médium T. Z. Knight.

f) Visión global o integral de todas las cosas.

g) Entrar en la nueva era o una reencarnación.

h) Gran celebración nuevaeriana.

i) Sanador psíquico.

j) Diosa de la tierra.

k) Zumbido primordial del universo.

B. *Verdadero o Falso.*

____1. La Nueva Era incluye doctrinas de la religión hindú, astrología y ocultismo, pero rechaza la de la transmigración de almas a los cuerpos animales.

____2. Según la Nueva Era, el hombre es parte de Dios y en un sentido un pequeño dios.

____3. Los profetas de la Nueva Era predicen que pronto habrá una nueva era, exenta de conflictos y catástrofes naturales.

___4. Los de la Nueva Era buscan la verdad en las religiones paganas, incluso las de los indígenas del Nuevo Mundo.

___5. Pocos nuevaerianos abogan por la eliminación de las naciones y el establecimiento de un orden, un gobierno y una religión mundiales.

___6. Los estados alterados de conciencia se refieren al control mental.

___7. La Nuera Era tiene una teología bien estructurada y es intolerante de otras religiones.

___8. Los nuevaerianos ponen mucho énfasis en recibir bio-ondas de la Madre Tierra.

C. Preguntas de desarrollo.

1. a) ¿Cuál evidencia presentan los proponentes de la Nueva Era, para comprobar la realidad de la reencarnación?

   b) Refute este argumento empleando las dos respuestas en el capítulo.

2. ¿En qué sentido son engañadores los métodos de la Nueva Era para acercarse a Dios?

CITAS

1. Irving Hexham y Karla Poewe-Hexham, "The soul of the new age" en la revista *Christianity Today*, septiembre 2, 1988, pág. 19.

2. Elliot Miller, *A crash course on the New Age movement* (Grand Rapids, MI: Baker Book House, 1989), pág. 14.

3. *Ibid.*, pág. 15.

4. *Ibid.*, págs. 24-25.

5. Testimonio de Paul McGuire en el periódico evangélico *Unidad cristiana*, Quilpué, Chile, junio y julio de 1990.

6. M. Basilea Schlink, *Nueva Era* (Asunción: Verlag Marienschwesterschaft, 1987), pág. 7.

7. Walter Martin, *The New Age cult* (Minneapolis: Bethany House Publishers, 1989), pág. 21.

8. Paul McGuire, *op. cit.*

9. Benjamin Creme, *The reappearance of the Christ and the masters*

of wisdom (London: The Tara Press, 1980), pág. 110.

10. Shirley MacLaine, citado en F. LaGard Smith, *Al borde del precipicio* (Deerfield: Editorial Vida, 1989), pág. 187.

11. Martin, *op. cit.*, pág. 19.

12. Enrique de Vicente, "Nueva Era, la otra forma de entrar en el tercer milenio", en la revista *Muy interesante* No. 28, de Noviembre, 1989, pág. 20.

13. Fritjof Capra, *The turning point* (Toronto: Bantam Books, 1982), págs. 77-78, citado por Miller, *op. cit.*, pág. 59.

14. Vicente, *op. cit.*, pág. 24.

15. Mark Satin, *New Age politics* (New York: Dell Publishing Co., 1978), pág. 114, citado por Miller, *op. cit.*, pág. 30.

16. Citado por Miller, *op. cit.*, pág. 70.

17. *Ibid.*

18. Ray Grigg, "El tao del amor", en la revista *Uno mismo*, No. 27, Marzo 1992, Impresa en Chile, pág. 24.

19. "Bio-ondas", en la revista *Uno mismo, op. cit.*, pág. 50.

20. Miller, *op. cit.*, págs. 30-31.

21. Vicente, *op. cit.*, pág. 28.

22. Citado por Miller, *op. cit.*, pág. 161.

23. Vicente, *op. cit.*, pág. 25.

24. *Ibid.*

25. Miller, *op. cit.*, pág. 22.

26. *Ibid.*

27. David Spangler, *Reflections on the Christ* (Moray, Scotland: Findhorn Publications, 1978), pág. 13, citado por Martin, *The New Age cult, op. cit.*, pág. 27.

28. Martin, *op. cit.*, pág. 6.

29. Citado por Smith, *op. cit.*, págs. 124-125.

30. John Van Auken, citado por Smith, *op. cit.*, pág. 83.

31. Miller, *op. cit.*, pág. 45.

32. Martin, *op. cit.*, pág. 91.

33. Elliot Miller, "From New Age 'Christ' to born again christian" en la revista *Christian research journal*, vol. II, número I, verano de 1988, pág. 26.

SEGUNDA PARTE

INTRODUCCIÓN

En la primera parte de *Otros evangelios* no hemos incluído grupos que no deben ser clasificados como sectas falsas porque son esencialmente cristianos en sus doctrinas. Conviene estudiarlos, sin embargo, porque promulgan ciertas enseñanzas ajenas a las de la Biblia y en algunos casos son muy activos en proselitar a los evangélicos.

Capítulo 1

EL ADVENTISMO DEL SÉPTIMO DÍA

Los adventistas del séptimo día, ¿quiénes son? Se nota que su nombre mismo recalca la importancia que dan al próximo retorno o advenimiento personal de Cristo a la tierra, y a lo que les parece ser una obligación permanente, la de observar el séptimo día de la semana como el día de reposo.

Los adventistas se destacan por ser muy buenas personas. Aman sinceramente a Dios y se abstienen de los vicios y placeres mundanos. Su sede central se encuentra en Washington, D.C., Estados Unidos. Su programa misionero es impresionante y son famosos por sus obras sociales, en especial, por sus excelentes hospitales y atención médica en muchos países subdesarrollados. Cuentan con más de 3.600.000 adeptos en todo el mundo, cuatro quintas partes de ellos se encuentran fuera de los Estados Unidos. En total tienen más de 20.000 congregaciones y unos 8.000 pastores.

Algunas autoridades sobre el tema de otros evangelios, ya no califican a los adventistas como una secta falsa. Estos creen en la inspiración de la Biblia, la Trinidad, la deidad y el nacimiento virginal de Cristo, su expiación y muchas otras doctrinas evangélicas.

Entonces, ¿por qué estudiar el adventismo? Aunque muchas de sus doctrinas son ortodoxas, tienen otras que no lo son. Por ejemplo, desvían de la senda bíblica algunas de sus creencias sobre la muerte y el estado futuro. Exageran la observancia del séptimo día como el día de reposo. Han aceptado la profecía de Elena de White, casi como "inspirada" y la usan para interpretar la Biblia. Conviene que el obrero cristiano conozca sus ideas raras y esté preparado para refutarlas.

A. LA HISTORIA DEL ADVENTISMO

Aunque se considera que la señora. Elena Harmon de White es la fundadora de los Adventistas del Séptimo Día, esta denominación es realmente la fusión de tres divisiones del movimiento millerista. El primer grupo, dirigido por Hiram Edson, de Nueva York, proclamó la doctrina del santuario, es decir, que en 1844, Jesús supuestamente entró en el lugar santísimo en el cielo, para investigar las vidas de los santos, siendo ésta la última fase de su ministerio antes de regresar a la tierra. El segundo grupo, encabezado por José Bates, promulgaba la observancia del séptimo día como el día de reposo. La tercera división, inspirada por Elena Harmon de White, hacía hincapié del "espíritu de profecía", o sea, "el testimonio de Jesús", el cual se manifestaba en el "remanente" (Ap. 14:6-12; 12:17; 19:10). Creía que Dios había restaurado el don de profecía a la iglesia.

Se puede afirmar que la dirigente más destacada de la iglesia, ahora unida de los adventistas, fue Elena Harmon de White (1827-1915). Fue ella quien apoyaba las ideas de Edson, Bates y otros de los tres grupos, teniendo visiones y escribiendo prolíficamente libros y artículos.

Cuando Elena Harmon tenía nueve años de edad sufrió un accidente, el cual la dejó con el rostro desfigurado y le obligó a dejar permanentemente sus estudios en la escuela. Estuvo enferma toda su vida. Sus padres eran metodistas devotos, pero en la década de 1840 aceptaron la predicación de Guillermo Miller, el cual predijo que Cristo volvería a la tierra en 1843, y por ello fueron expulsados de aquella iglesia. Al tener diecisiete años, la muchacha comenzó a tener visiones que confirmaron las doctrinas controversiales del adventismo.

Se puede trazar el origen del adventismo a las enseñanzas de Guillermo Miller. Alrededor del año 1830, hubo una renovación del interés por la segunda venida de Cristo. Guillermo Miller, un pastor bautista del estado de Nueva York, se dedicó al estudio detallado de las Escrituras proféticas. Anunció que había descubierto la fecha exacta del retorno de Cristo a la tierra: el 21 de marzo de 1843.

Basó su predicción sobre cierta interpretación de los capítulos ocho y nueve de Daniel, con énfasis especial en Daniel 8:14 y 9:24-27. Miller y otros, creían que las setenta semanas de Daniel comenzaron en el año 457 a.C., la fecha exacta del decreto del rey Artajerjes para reconstruir Jerusalén (Dn. 9:25). Interpretando las setenta semanas como "setenta semanas de años", o 490 años, llegaron a la fecha 33 d.C. (desde 457 a.C. al 33 d.C.). Puesto que 33 d.C. coincide aproximadamente con la fecha de la crucifixión de Cristo, los milleristas la relacionaron a Daniel 8:14: "Hasta dos mil trescientas tardes y mañanas, luego el santuario será purificado", es decir, a las setenta semanas.[1]

Interpretaron los 2.300 días como 2.300 años (a veces un día en la Biblia se refiere a un año). Supusieron que las setenta semanas y los 2.300 días de Daniel comenzaron en la misma fecha, es decir, el año 457 a.C. Al restar los 490 años de los 2.300, llegaron a la fecha de 1843, para la segunda venida (la purificación del santuario).[2]

William Fisher relata la reacción de la gente a la predicación de Miller:

> El anuncio de esa fecha causó tremenda agitación, y hubo quienes regalaron sus propiedades y dejaron que sus cosechas se pudrieran en los campos, y en ese gran día — el 21 de marzo de 1843 — se pusieron sus túnicas blancas para la *ascensión*, y se sentaron a esperar el momento en que Cristo aparecería. Pero cuando el día pasó sin que sucediera nada, Miller anunció que había cometido un error en sus cálculos, y que el regreso de Cristo sería el 22 de octubre de 1844. Una vez más hubo el consiguiente revuelo, y se hicieron los preparativos para "encontrar al Señor en el aire". Pero, cuando pasó el día sin que viniera el Señor, miles de milleristas, o adventistas, perdieron completamente la fe en las predicciones de su líder . . .[3]

El 23 de octubre de 1844, un día después de "la gran desilusión", Hiram Edson, un seguidor de Miller, tuvo una "revelación": Cristo había entrado el día anterior en el santuario celestial (el lugar santísimo del tabernáculo en el cielo) y no en el terrenal, para hacer una obra de purificación en él. La fecha calculada por Miller fue correcta, pero el evento predicho no se refería a la segunda venida sino al comienzo del "juicio investigador" de Jesucristo, para determinar quiénes de los muertos serían dignos de ser resucitados y para hacer la obra final de expiación.

Otros adventistas creían que la falta de observar el sábado como el día de reposo tenía mucho que ver con la demora del retorno de Cristo. Esta idea y la revelación de Edson fueron confirmadas por visiones de Elena Harmon.

Dos meses después de "la gran desilusión", la señorita Harmon tuvo su primera visión mientras oraba con otras cuatro mujeres. "Ella pareció haber sido trasladada al cielo, donde se le mostraron las experiencias que les estaban reservadas a los que fueran fieles al 'evangelio' adventista."[4] Fisher describe otras de sus actuaciones:

> Sin embargo, no pasó mucho tiempo antes de que ella empezara a tener otras visiones, acompañadas de extrañas manifestaciones físicas. De acuerdo a los informes de los médicos y de otros testigos, sus ojos permanecían abiertos durante estas "visiones"; dejaba de respirar, y durante estos arrobamientos, ella ejecutaba acciones milagrosas. El contenido principal de las "visiones" parecía ser el de los mensajes que ella recibía para ciertos individuos, familias e iglesias.[5]

La predicación de Miller, antes del "día de la gran desilusión" (él retractó su predicción después de aquel día), la revelación de Hiram Edson y el testimonio de la señora Elena de White referente a sus propias revelaciones, formaron la base doctrinal de la iglesia de los Adventistas del Séptimo Día. Ponían gran énfasis en la escatología y en la reforma de salud. Ella se convirtió en líder y profetisa inspirada de su denominación. En una conferencia en 1860, ésta adoptó el nombre de "Adventistas del Séptimo Día" y en 1863 fue organizada oficialmente.

Elena Harmon se casó con un anciano de la iglesia, James White, en 1846. Transcurridos nueve años, se trasladaron a Battle Creek, Michigan, donde se estableció la oficina central de la organización y su prensa. La señora de White era una escritora muy prolífica. Aunque tenía solamente tres años de estudios básicos, escribió cuarenta y cinco libros mayores y más de cuatro mil artículos, folletos y volantes. Entre sus libros se cuentan: *El conflicto de los siglos, El deseo de las Edades, Testimonios para la iglesia, Profetas y reyes.* "Nunca pretendió ser el líder de la iglesia, tan sólo una 'voz', o 'mensajero' que llevaba comunicaciones de Dios a su pueblo . . ."[6] Sin embargo, tenía una parte decisiva en muchas de las decisiones de su denominación, como fue el traslado de la oficina central a Washington, D.C., en 1903.

B. LAS DOCTRINAS CONFLICTIVAS DE LOS ADVENTISTAS

Ya hemos mencionado que los adventistas sostienen casi todas las doctrinas "esenciales" de los evangélicos. Felizmente, han abandonado la enseñanza de Elena de White de que el segundo macho cabrío, el cual fue soltado en el desierto en el día de la expiación del Antiguo Testamento (Lv. 16:22,26), simboliza a Satanás, sufriendo el castigo de nuestros pecados. En todo caso difieren en algunas doctrinas secundarias. Consideraremos las más controversiales.

1. *La doctrina del juicio investigador llevado a cabo por Cristo en el santuario celestial.* Antes del día de "la gran desilusión", los adventistas habían interpretado "el santuario", de Daniel 8:14, como la tierra que sería purificada por Cristo en "el día de Jehová, grande y terrible" (Mal. 3:1-5; 4:5). Cuando no apareció Cristo en la fecha anunciada por Miller, el anciano Hiram Edson reinterpretó el término "santuario". Ya no se refería a la tierra sino a un templo celestial. Según él, existe un tabernáculo literal en el cielo, en el cual Jesús, el sumo sacerdote celestial, oficia literalmente como su contraparte solía hacer en el período del Antiguo Testamento.

Se encuentra también en el cielo un registro preparado por los ángeles, quienes observan la conducta de los hombres. Elena de White explica: "La sangre de Cristo ofrecida en beneficio de los creyentes arrepentidos, les aseguraba perdón y aceptación cerca del Padre, pero no obstante sus pecados permanecían inscritos en los libros del registro."[7]

En 1844, Jesús entró en el santuario para examinar los registros con el fin de "determinar quiénes son los que, por su arrepentimiento del pecado y su fe en Cristo, tienen derecho a los beneficios de la expiación cumplida por él. La purificación del santuario implica tanto una obra de investigación como una obra de juicio".[8]

Elena de White proporciona detalles adicionales acerca de la supuesta expiación.

> El santuario en el cielo, en el cual Jesús ahora ministra en nuestro favor, es el gran original, del cual Moisés edificó era una mera copia . . . El ministerio del sacerdote, durante el año en la primera división del santuario (terrestre) . . . representa la obra de ministración que Jesús comenzó después de su ascensión . . . Este ministerio de Cristo continuó después de su ascensión . . . Este ministerio de Cristo continuó por dieciocho siglos, en la primera división del santuario (celestial).

> Así como en un servicio típico había una obra de expiación al final del año, antes de que la obra de Cristo por la redención humana esté terminada, hay una obra de expiación, que se tiene que hacer para que el pecado sea removido del santuario. Este es el servicio que comenzó cuando terminaron los 2.300 días. En ese momento, tal como lo había pronosticado Daniel el profeta, nuestro Sumo Sacerdote entró en el lugar santísimo . . . para desempeñar la obra final de su expiación, preparatoria para su venida.

> La tarea del juicio de investigación, y de perdón de pecados, ha de terminar antes de la segunda venida de Cristo. Puesto que los muertos han de ser juzgados sobre la base de las cosas escritas en los libros, es imposible que los pecados de los hombres sean borrados (o perdonados) sino hasta después del juicio, que es cuando sus casos han de ser investigados . . . Todos aquellos

que hayan invocado el nombre de Cristo tienen que pasar por ese minucioso escrutinio[9]

En primer lugar, es obvio que tanto Miller como Edson no aplicaron las reglas de interpretación bíblica cuando interpretaron respectivamente Daniel 8:14, pues pasaron por alto el contexto de este versículo (8:9-13). El profeta no habla de Cristo y su venida o su obra de purificación sino del rey sirio Antíoco IV llamado Epífanes. Este se apoderó de Palestina en 175 a.C. y procuró imponer el paganismo sobre los judíos. Puesto que ellos le resistieron, se desató una encarnizada persecución para destruir la fe hebrea. Los sirios saquearon el templo y colocaron en el santuario la estatua de Zeus, convirtieron las habitaciones del templo en burdeles públicos y sacrificaron cerdos en su recinto.

Los judíos bajo el liderazgo de los Macabeos hacían la guerra contra los sirios, los derrotaron, liberaron a Jerusalén y limpiaron y rededicaron el templo profanado por los helenistas (8:14).

En la visión de Daniel, un santo pregunta a otro: "¿Hasta cuándo durará la visión del continuo sacrificio, y la prevaricación asoladora, entregando el santuario y el ejército ('los creyentes en él', Versión Popular) para ser pisoteados?" (8:13). La respuesta es: "Hasta 2.300 tardes y mañanas." Fíjese, no dice 2.300 días. Si la expresión se refiere a los dos sacrificios cotidianos suspendidos durante el tiempo de persecución, el período se limita sólo a 1.150 días, los cuales corresponden a los años de la persecución, 168-165 a.C. Después de eso, el santuario sería "purificado" de la contaminación pagana o sería "reivindicado", (reintegrado en su derecho) como la Biblia de Jerusalén la traduce. De manera que no se encuentra el "juicio investigador" en la Biblia.

En segundo lugar, la doctrina del juicio investigador demoraría la consumación de la obra expiatoria de Cristo en la cruz y les quitaría a los creyentes la seguridad de que ya son perdonados y salvos. Si los pecados no fueran borrados completamente sino hasta un período antes de la venida del Señor, entonces nadie podría decir con seguridad que es salvo.

El apóstol Pablo afirma que "ninguna condenación hay para los que están en Cristo Jesús" (Ro. 8:1) y el apóstol Juan añade: "Dios nos ha dado vida eterna; y esta vida está en su Hijo. El que tiene al Hijo, tiene la vida" (1 Jn. 5:11,12). "Si confesamos nuestros pecados, él es fiel y justo para perdonar nuestros pecados, y limpiarnos de toda maldad" (1 Jn. 1:9). Estos versículos enseñan que la expiación de Cristo borra el pecado en el momento del arrepentimiento.

En tercer lugar, a los evangélicos tradicionales, el tabernáculo de Moisés y su ritual no son más que símbolos proféticos que prefiguraban la obra de Cristo (véase He. 9:23; 10:1). Las referencias al tabernáculo y sus enseres en el cielo que se hallan en Apocalipsis 1:13,20; 11:19; 21:3, aparentemente son meras figuras, pues el vidente Juan dice claramente que no habrá templo ("santuario", V.P.) en el cielo (21:22). Expositores evangélicos consideran que el cielo mismo es como un templo, puesto que Dios morará allá con su pueblo. El término "tabernáculo" (21:3) puede traducirse "morada de Dios" (véanse algunas traducciones modernas como la Biblia de Jerusalén y la Nueva Versión Internacional). La referencia al área (11:19) probablemente simbolizaba la presencia inmediata de Dios, y los candeleros representan las siete iglesias de Asia (1:20). En el Apocalipsis se encuentra una infinidad de símbolos, los cuales no deben ser interpretados literalmente.

Sobre todo, nos parece extraño que el Señor Jesucristo tuviera que consultar durante ciento cincuenta años un registro en el cielo a fin de conocer la conducta de los creyentes. Siendo tanto hombre como Dios, éste es omnisciente y no tiene necesidad de examinar libros para saber quiénes se hallan arrepentidos de sus pecados. En cambio, los adventistas toman en serio el hecho de que los creyentes serán juzgados según sus obras, algo que algunos evangélicos tradicionales por poco pasan por alto. Aunque somos salvos sólo por fe y no por obras, la fe salvadora siempre está acompañada de obras y de la "santidad, sin la cual nadie verá al Señor" (He. 12:14). La ley no es el medio de la salvación pero sí queda en vigencia como una norma moral por la cual los redimidos puedan demostrar que son hijos de Dios y vivir en una justa relación con su Creador y con su prójimo.

2. *La idea de que es obligatorio observar el séptimo día de la semana como el día de reposo.* Según los adventistas del séptimo día, es

pecado observar el día de descanso en cualquier otro día de la semana, "porque Dios en el principio, apartó el séptimo día de la semana como un memorial perpetuo de su poder creativo". La gran profetisa adventista comenta:

> La señal, o sello de Dios, se revela en la observancia del *Sabath* (reposo) en el séptimo día, el memorial de la creación del Señor . . . La marca de la bestia es lo opuesto de esto: la observancia del primer día de la semana. Esta marca distingue a los que aceptan la supremacía de la autoridad papal, de los que reconocen la autoridad de Dios.[10]

La señora de White testificó que había visto el arca en una visión del santuario celestial. Jesús levantó la tapa del arca, de modo que ella pudiera ver las tablas de piedra en que estaban escritos los diez mandamientos. Se notó que el cuarto mandamiento estaba ubicado en el centro de los diez y tenía una suave aureola de luz a su alrededor.[11] Felizmente, los adventistas ya no consideran a los evangélicos como seguidores de la bestia del Apocalipsis.

Los adventistas aseveran que el emperador Constantino cambió el día de reposo en el año 321 d.C., y luego en 364 d.C., el Concilio de Laodicea hizo lo mismo. Historiadores no adventistas, sin embargo, señalan que Constantino solamente sancionó legalmente la costumbre que hacía tiempo ya habían observado los cristianos.

Walter Martin, destacada autoridad sobre las sectas, reune muchas citas de los padres de la Iglesia, demostrando que los cristianos del segundo siglo observaban el primer día de la semana como el día de descanso y culto. Por ejemplo, consideremos tres:

a) Ignacio, obispo de Antioquía, escribió lo siguiente en el año 110: "Los que andan en las costumbres antiguas alcanzan la novedad de esperanza, ya no observando el sábado, sino moldeando sus vidas según el día del Señor, sobre el cual se resucitó también nuestra vida."

b) Justino Mártir (100-165): "El domingo es el día en que todos tenemos nuestra reunión común, porque es el primer día en que Dios . . . hizo el mundo; y Jesucristo, nuestro Salvador, resucitó en el mismo día."

c) La epístola de Bernabé (entre 120 y 150): "Guardamos el octavo día con gozo, el día también en que Jesús se resucitó de entre los muertos."[12]

Los evangélicos guardan el primer día de la semana en vez del séptimo por las siguientes razones:

a) El Nuevo Testamento no le da la misma importancia que da a los otros mandamientos del código mosaico. Jesús lo colocó en el mismo nivel que las leyes ceremoniales, las cuales pertenecen al antiguo pacto y son caducas. Se refirió al incidente en que David, al huir de Saúl, obligó al sumo sacerdote a entregarle los panes santos ofrecidos a Dios, panes que sólo podían comer los sacerdotes. Luego explicó que "el día de reposo fue hecho por causa del hombre, y no el hombre por causa del día de reposo" (Mr. 2:23-27; 1 Sa. 21:1-6). Parece que Pablo también indica que ocupa un lugar entre las observancias ceremoniales:

> Por tanto, nadie os juzgue en comida o en bebida, o en cuanto a días de fiesta, luna nueva o *días de reposo, todo lo cual es sombra de lo que ha de venir.*
> Colosenses 2:16,17 (cursivas sel autor)

En ningún lugar del Nuevo Testamento, ni Jesús ni los apóstoles, repiten este precepto, aunque sí enseñan muchas veces los otros nueve mandamientos. Obviamente, la visión de la señora de White, en la cual vio que el cuarto mandamiento fue el más importante, no armoniza con las enseñanzas del Nuevo Testamento. El guardar los días de reposo es más un asunto de conciencia que una ley moral: "Uno hace diferencia entre día y día; otro juzga iguales todos los días. Cada uno esté plenamente convencido en su propia mente" (Ro. 14:5).

b) Puesto que Jesús resucitó de entre los muertos el primer día de la semana, la iglesia primitiva lo llamaba "el día del Señor" (Ap. 1:10) y lo celebraba como día de reposo y cultos. El Nuevo Testamento hace referencia a esta costumbre. En Troas los cristianos se reunían para el culto "el primer día de la semana" (Hch. 20:6,7) y Pablo instruyó a los creyentes de Corinto: "Cada primer día de la semana, cada uno de vosotros ponga aparte, según haya prosperado" (1 Co. 16:2). Es lógico creer que las congregaciones levantaban ofrendas en el día de su culto, el cual era el día domingo.

3. *La doctrina del "sueño del alma" en la muerte y la de la aniquilación de los impíos.* Los adventistas sostienen que al morir una persona, entra o cae en un estado de inconsciencia total; su alma está durmiendo en la tumba. Dice Elena de White:

> La doctrina de la inmortalidad natural, tomada en un principio de la filosofía pagana e incorporada a la fe cristiana en los tiempos tenebrosos de la gran apostasía, ha suplantado la verdad claramente enseñada por la Santa Escritura de que "los muertos nada saben".[13]

David declara que el hombre no es consciente en la muerte:

> Saldrá su espíritu, tornaráse en su tierra; en aquel día perecerán sus pensamientos (Sal. 146:4).

Salomón da el mismo testimonio:

> Porque los que viven saben que han de morir; mas los muertos nada saben. También su amor, y su odio y su envidia, feneció ya; ni tiene ya más parte en el siglo, en todo lo que se hace debajo del sol . . . Adonde tú vas no hay obra ni industria, ni ciencia ni sabiduría (Ec. 9:5,6,10).

La profetisa también habla del destino de los impíos y de Satanás mismo:

> Los impíos reciben su recompensa en la tierra (Pr. 13:31). Serán estopa, y aquel día que vendrá los abrasará, ha dicho Jehová de los ejércitos (Mal. 4:1) . . . "Su castigo (el de Satanás) debe ser mucho mayor que el de aquellos a quienes engañó. En las llamas purificadoras (el fin del mundo), quedan por fin destruidos los impíos, raíz y rama: Satanás la raíz, sus secuaces las ramas . . . Las exigencias de la justicia han sido satisfechas . . . Ningún infierno que arda eternamente recordará a los redimidos las terribles consecuencias del pecado.[14]

Es interesante notar que la señora de White cita principalmente del Antiguo Testamento (de los Salmos y Eclesiastés), para comprobar el sueño del alma, ignorando que la revelación de Dios es progresiva. Quedaba al Nuevo Testamento para revelar claramente la vida de ultratumba.

Los principios de la hermenéutica (reglas de interpretación) exigen que se interprete el Antiguo Testamento por el Nuevo y los versículos oscuros por la enseñanza clara. El libro de Eclesiastés no es un libro de doctrina. Consiste en los pensamientos pesimistas de un individuo desilusionado con la vida y sin esperanza para el futuro. Parece que fue incluido en el canon para dar el contraste de una persona sin una revelación divina ("debajo del sol") con los creyentes. Para tal persona, todo es "vanidad".

Los adventistas interpretan mal ciertos términos en el Nuevo Testamento, que están traducidos "destruir" o "destrucción". Véanse, por ejemplo, Mateo 10:28 y 2 Tesalonicenses 1:9. En Mateo 10:28, Jesús asocia el vocablo griego *apolesai* ("destruir") con *Gehena* ("infierno"), nombre del basural que ardía constantemente fuera de Jerusalén, donde fue echado todo lo roto, podrido e inútil. Los rabinos empleaban este término para indicar el castigo perpetuo de los impíos. Dice: "Temed más bien a aquel que puede *destruir* el alma y el cuerpo en el *infierno*." Aunque la palabra *apolesai* puede significar "destrucción", "aniquilamiento" o "muerte", en este contexto quiere decir "entregado a sufrimiento eterno" (*El léxico griego de Thayer*).

De igual manera se puede interpretar la palabra griega *olerthros* ("perdición") empleada en 2 Tesalonicenses 1:9: "Los cuales sufrirán pena de eterna *perdición*, excluidos de la presencia del Señor y de la gloria de su poder." Tiene aquí la idea de "ruina" más bien que destrucción. El contexto inmediato indica lo que es esta destrucción: "Excluidos de la presencia del Señor." El castigo eterno, entonces, no se refiere a aniquilación o destrucción absoluta, sino a ser separado totalmente de la presencia divina y sufrir concientemente en un infierno literal y sin fin.

C. LECCIONES QUE PODEMOS APRENDER ESTUDIANDO EL ADVENTISMO

1. *Es inútil tratar de determinar fechas de los acontecimientos finales.* Los adventistas pensaron que habían encontrado la llave del reloj

profético, pero quedaron desilusionados cuando Cristo no apareció. Guillermo Miller debiera haber tomado en serio las palabras de Jesús referente a su retorno: "Pero del día y la hora nadie sabe, ni aun los ángeles de los cielos, sino sólo mi Padre" (Mt. 25:36). "No os toca a vosotros saber los tiempos o las sazones, que el Padre puso en su sola potestad" (Hch. 1:7).

2. *No debemos basar doctrinas sobre profecías actuales ni interpretar enseñanzas bíblicas por profecías en la iglesia.* Dios inspiró a los apóstoles para registrar la doctrina, haciéndolos recordar lo que Él había dicho, y guiándolos a toda verdad. Los profetas del Nuevo Testamento y del presente no son fuentes de doctrina, sino hablan "a los hombres para fortalecerlos, animarlos y consolarlos" (1 Co. 14:3, Nueva Versión Internacional). Toca a los teólogos, que analizan con esmero el texto bíblico, extraer las enseñanzas y forjar la teología. La Biblia proporciona una revelación completa, suficiente para informar al hombre de las cosas divinas. No se necesita una adicional revelación doctrinal. El buscarla es tentar a Dios.

En el caso de la señora de White, vemos lo que parecía un auténtico don de profecía en una creyente espiritual y sincera. Pero es obvio que algunas de sus revelaciones no están de acuerdo con la sana interpretación de la Biblia. Un escritor inspirado nos amonesta: "Amados, no creáis a todo espíritu, sino probad los espíritus si son de Dios" (1 Jn. 4:1).

3. *Debemos emplear los principios de la hermenéutica para interpretar correctamente las Sagradas Escrituras.* Si Guillermo Miller e Hiram Edson hubieran considerado el contexto y la situación histórica de Daniel 8:14, nunca habrían considerado ese texto como una posible fecha del retorno de Cristo. También pasaron por alto lo que había dicho Cristo sobre la imposibilidad de conocer el día o la hora de su advenimiento. Debemos recordar que se interpreta la Biblia por la Biblia y que la Biblia es el mejor intérprete de sí misma.

4. *Conviene que reconozcamos lo bueno en los grupos no tradicionalmente evangélicos y que oremos por ellos.* Con el transcurso de los años, algunos adventistas han cambiado paulatinamente su doctrina, descartando algunas ideas erróneas de Elena Harmon de White y llegando a ser más bíblicos en sus creencias. Por ejemplo, han rechazado la noción de que Dios cargó la culpa del hombre

sobre Satanás (la doctrina de "Azazel", el segundo macho cabrío suelto en el desierto en el día de expiación), han tomado una posición más evangélica referente al rol de la ley y, aun algunos de sus teólogos, han puesto en tela de juicio el concepto del juicio investigador. Desgraciadamente, los oficiales del adventismo han tomado pasos en las últimas décadas para contrarrestar este movimiento ortodoxo y restaurar la autoridad de las ideas heterodoxas de la señora de White.

Debemos dar gracias a Dios por cada paso positivo que toman estos hermanos en la fe y seguir orando para que Dios les alumbre en cuanto a todos los aspectos de su Palabra.

EJERCICIOS

Conteste brevemente o llene los espacios.

1. ¿Por qué no se puede clasificar como secta falsa a los adventistas?

2. Los testigos de Jehová aceptaron la doctrina adventista sobre _____.

3. Escriba el nombre de las personas que promulgaron las siguientes doctrinas:

    _____ Observancia del séptimo día.

    _____ Cristo vendría en 1843.

    _____ La doctrina del santuario o juicio de investigación.

    _____ La restauración del don de profecía a la Iglesia.

4. Referente a la doctrina del "juicio investigador", está basada en la mala interpretación de Daniel 8:14. La purificación del santuario se refiere a la restauración del templo en Jerusalén, a la verdadera adoración a Dios después de la profanación de ése por el rey sirio llamado

    _____.

5. a) Según Elena de White, la _____ distinguirá a los que no aceptarán la marca de la bestia (el dominio papal).

    b) Escriba la referencia bíblica de tres versículos que demuestran que la iglesia primitiva celebraba el día de reposo en el primer día de la semana.

c) ¿Por qué los apóstoles cambiaron el día de reposo?

6. ¿Cuál regla de la hermenéutica violan los adventistas al emplear versículos de los libros del Antiguo Testamento para enseñar el "sueño del alma" en la muerte?

7. ¿Cuál lección acerca de la profecía actual encierra la historia del adventismo?

CITAS

1. Walter Martin, *Kingdom of the cults* (Minneapolis: Bethany House Publishers, 1985), pág. 415.

2. *Ibid.*

3. William Fisher, *¿Por qué soy evangélico?* (Kansas City: Casa Nazarena de Publicaciones), págs. 128-129.

4. • *Ibid.*, pág. 130.

5. *Ibid.*

6. *Ibid.*, pág. 31.

7. Ellen G. White, *The great controversy* (Washington, D.C.: White Publications, s.f.), págs. 414, 420-421.

8. *Ibid.*, págs. 421-422.

9. *Ibid.*, págs. 485-486.

10. Ellen White, *Testamonies for the church* (Tacoma Park, Washington D.C., White Publications, s.f.), pág. 117.

11. W.C. Irvine, *Heresies exposed* (New York: Loizeaux Brothers, 1955), págs. 162-163.

12. Walter Martin, *Kingdom of the cults, op. cit.*, págs. 460-461.

13. Elena G. de White, *El gran conflicto* (Buenos Aires: Asociación Casa Editora Sudamericana, 1973), pág. 607.

14. *Ibid.*, pág. 601.

Capítulo 2

SÓLO JESÚS

El término "Sólo Jesús", ¿a qué se refiere? Es el nombre con que popularmente se conoce a algunas denominaciones pentecostales que no aceptan la doctrina tradicional de la Trinidad y bautizan en agua, sólo en el nombre de Jesús. Por otra parte, casi todo el resto de su teología es ortodoxa y la mayoría de sus otras prácticas se asemejan a las de las iglesias evangélicas tradicionales. Sus adeptos son cristianos verdaderos, fervientes y espirituales. Se destacan por su celo evangelizador y por la práctica de mayordomía. También hacen grandes esfuerzos para proselitar a otros evangélicos. No forman una secta falsa, pero su doctrina de la deidad es herética.

A. SU ORIGEN, DOCTRINAS E HISTORIA

En el siglo tercero surgió una doctrina nueva respecto a la deidad. Sabelio, un presbítero de la iglesia en el norte de Africa, afirmó que Dios no es trino sino que Jesús es Jehová, la única persona de la deidad. Según él, los términos "Padre", "Hijo" y "Espíritu Santo", eran tres nombres que se referían al mismo Ser divino. Dicha doctrina fue condenada y desapareció.

En 1913, surgió de nuevo esa doctrina sabeliana. Durante un culto de bautismo en California, un predicador observó que los apóstoles siempre bautizaron a sus convertidos en el nombre de Jesús y nunca emplearon la fórmula trinitaria: "En el nombre del Padre, del Hijo y del Espíritu Santo". Juan Scheppe, predicador pentecostal, al oír estas palabras, pasó la noche en oración y tuvo una "revelación" sobre el poder que hay en el nombre de Jesús. En el campamento donde se encontraba, los pastores presentes estudiaron el asunto en el libro de Hechos y llegaron a la conclusión de que el verdadero bautismo tenía que ser hecho en el nombre de Jesús. Además, era imprescindible ser bautizado en agua y hablar en otras lenguas para ser salvo, aunque no creían en la regeneración bautismal. Pronto se aceptó la doctrina de Sabelio, es decir, el Padre, el Hijo y el Espíritu Santo son una sola persona y su nombre es Jesucristo.

Los de "Sólo Jesús" no deben ser clasificados, sin embargo, ni como arrianos (los que niegan la deidad de Cristo) ni como unitarios (sólo el Padre es Dios), pues afirman la divinidad de Cristo. Según ellos, Dios es sólo uno, pero puede manifestarse de muchas maneras y ser varias cosas simultáneamente. Por ejemplo, el profeta describe a Cristo como "hijo nos es dado", pero le denomina también "Padre eterno" (Is. 9:6). El hecho de que a veces la Biblia menciona separadamente las personas de la Trinidad, como en Colosenses 2:2, "el misterio de Dios el Padre, y de Cristo", les es algo inexplicable, pero no una indicación de pluralidad en la deidad. La revelación llega a su máxima expresión en Cristo Jesús: "Dios fue manifestado en carne" (1 Ti. 3:16).[1]

Al ser confrontado con la fórmula trinitaria del bautismo —"bautizándolos en el nombre del Padre, y del Hijo, y del Espíritu Santo"—, ellos preguntan: "¿Cuál es el nombre de estas tres manifestaciones de Dios? Al leer el libro de Hechos se ve que es 'Jesús'. Los apóstoles siempre bautizaron en este nombre." Luego, ellos señalan: "En todos los relatos del bautismo que se encuentran en Hechos, los convertidos son bautizados en el nombre de Jesús (2:38; 8:16; 10:48; 19:5)." Para ellos, el Padre, el Hijo y el Espíritu Santo son meramente manifestaciones de la misma persona y no son tres personas que constituyen la deidad trina.

Los miembros de esta fe, oran al Padre en el nombre de Jesús. Explican que los pasajes en los cuales Jesús oró al Padre, no enseñan que hay más de una persona en la deidad. Se sugiere que Cristo hablaba consigo mismo, pues establecen una clara diferencia entre sus dos naturalezas — la humana y la divina —, las cuales existen simultáneamente en el Señor.[2]

Han formado denominaciones con distintos nombres. Las tres principales son: (a) Iglesia Apostólica de Fe en Cristo Jesús, originada en México y extendida en América Latina y Europa; (b) Iglesia Pentecostal Unida, establecida en las dos Américas; (c) Luz del Mundo, fundada en México por Eusebio Joaquín, es de tipo profético y existe en varios países del continente. Además de estas tres, hay otros grupos pequeños.[3]

B. LA DEBILIDAD DE SU DOCTRINA

1. *El negar la Trinidad haría incomprensibles y contradictorios muchos pasajes del Nuevo Testamento*, tales como el bautismo de Jesús por Juan el Bautista (Mt. 3:13-17), la promesa de que Jesús oraría al Padre y él daría otro Consolador, una persona diferente pero a la vez de la misma índole (Jn. 14:16). Jesús nunca afirmó ser el Padre. Fue enviado por el Padre, se sometió al Padre, hizo las obras del Padre, rogó al Padre, volvió al Padre y está a la diestra del Padre, pero jamás confundió su identidad con la del Padre.

El hecho de que el Mesías se llama "Padre eterno" (Is. 9:6) no implica confusión alguna entre el Padre y el Hijo en la Trinidad. Se puede interpretar el título de dos maneras: (a) Traducido más literalmente, "Padre de la eternidad", en el sentido de que no es sólo Señor de la eternidad, sino también es el autor de la vida eterna ("Verá linaje", Is. 53:10); (b) El título se refiere a su carácter y relación a su pueblo: "siempre-Padre" (Biblia de Jerusalén). Sería siempre como un buen padre, sosteniendo y protegiendo a su pueblo (Is. 40:9-11).

2. *Jesús mismo señaló la Trinidad en la forma bautismal* (Mt. 28:19). Las expresión en el libro de Hechos: "Bautícese cada uno de vosotros en el nombre de Jesucristo" (2:38; véase 8:16; 10:48; 19:5), no se refieren a la fórmula bautismal, sino a una profesión de fe en Jesucristo de parte del convertido, o a la invocación del nombre de Jesús como el Mesías (22:16).

Los judíos y sus prosélitos ya reconocían al Padre y al Espíritu Santo. Era necesario reconocer a Jesús como el Mesías prometido y depositar su fe en Él para ser salvo. Es casi seguro que fueron bautizados en agua, empleando la fórmula trinitaria que Jesús mismo les dio, pues los apóstoles cumplirían al pie de la letra la gran comisión.

3. *Ciertos documentos muy antiguos atestiguan que la iglesia de los primeros dos siglos empleaba la fórmula trinitaria cuando se bautizaban los creyentes.* El *Didaje*, manual de la iglesia, que se remonta probablemente al fin del primer siglo, dice así: "Ahora concerniente al bautismo, bautizad de esta manera: después de dar enseñanza primeramente de todas estas cosas, bautizad en el nombre del Padre y del Hijo y del Espíritu Santo."

Justino Mártir (100-165 d.C.) dice: "Son traídos (los nuevos convertidos) a un lugar donde hay agua, y reciben de nosotros el bautismo (lavamiento) de agua, en el nombre del Padre, Señor de todo el universo, y de Nuestro Salvador Jesucristo, y del Espíritu Santo."[4]

4. *La salvación es sólo por fe y ninguna parte de la Biblia enseña que es necesario hablar en otras lenguas para ser salvo* (ver. Jn. 3:16; Ro. 2:28; 5:1; 10:9-17).

5. *Las revelaciones dadas a los creyentes son falibles.* Si no fuera así, el apóstol Pablo no habría señalado de que "los profetas hablen dos o tres, y los demás juzguen" y "Examinadlo todo; retened lo bueno" (1 Co. 14:29; 1 Tes. 5:20,21). Es posible que ciertas revelaciones sean de la carne. Los evangélicos basan sus doctrinas sólo sobre la Biblia (Ap. 20:18, 19). El don de la profecía en la iglesia no es para revelar nuevas doctrinas sino para edificar, exhortar y consolar (1 Co. 14:29).

EJERCICIOS

Llene los espacios o conteste brevemente.

1. El primer cristiano que ha enseñado que Dios no es trino se llama _____ del siglo _____.

2. a) Los Sólo Jesús basan su doctrina sobre el hecho de que los apóstoles _____.

   b) Explican que las oraciones de Jesús al Padre son meramente conversaciones entre las dos _____.

3. ¿Cómo se puede explicar que al Mesías se le llama "Padre eterno"? (Is. 9:6)

4. ¿Por qué no se encuentra en el libro de Hechos el uso de la fórmula trinitaria?

CITAS

1. *Diccionario de historia de la iglesia*, Wilton M. Nelson, ed. (Miami: Editorial Caribe, 1989), pág. 971.
2. *Ibid.*
3. *Ibíd.*
4. Citado por Luisa J. Walker, *¿Cuál Camino?* (Deerfield: Editorial Vida, 1981), págs. 223-224.

Capítulo 3

LA IGLESIA CATÓLICA ROMANA

La cristiandad en general está dividida en tres grandes ramas: el catolicismo romano, la Iglesia Ortodoxa y el protestantismo. De las tres divisiones, la Iglesia Católica Romana es la más grande, contando con unos 600.000.000 de bautizados. El poderío e influencia de esta institución son inconmensurables e incalculables. En la prensa de América Latina se llama "la Iglesia", como si fuera la única que existiera. Las demás son consideradas como sectas.

Aunque las filas de fieles del catolicismo del nuevo mundo tienden a menguar en número y el movimiento evangélico haya tenido un crecimiento espectacular en las últimas cuatro décadas, éste todavía no ha alcanzado en tamaño e influencia a dicho grupo. También la cultura hispánica está impregnada con el pensamiento católico romano. El catolicismo en América Latina se destaca no sólo por su preocupación religioso-cultural, sino también social y asistencial. Ejerce una influencia moral, especialmente en conservar la familia, y sobre todo, es el gran defensor de los derechos humanos.

Los católicos y evangélicos tienen en común muchas doctrinas: ambos aceptan la Biblia como la Palabra de Dios, sostienen los mismos credos que se remontan a los primeros cinco siglos de la era cristiana, creen en las doctrinas de la Trinidad, la deidad de Jesucristo, su nacimiento virginal, su expiación del pecado y la existencia del infierno y del cielo.

Se puede atribuir mucho del éxito evangelístico de los evangélicos en este continente a la siembra de estas doctrinas por parte de la iglesia católica. Ninguna otra área del mundo ha respondido al evangelio en la misma medida en que han respondido los latinos en los países tradicionalmente católicos de América del Sur.

El enfoque principal de este capítulo es presentar algunas doctrinas católicas que no están de acuerdo con las de los evangélicos y dar las respuestas a ésas. La tarea de describir las ideas católicas, sin embargo, se vuelve compleja por la situación contínuamente cambiante de aquella organización. Hay gran diferencia entre las doctrinas tradicionales de la iglesia romana y las del "nuevo catolicismo", producto del Concilio Vaticano II. Surge también el problema de distinguir entre las doctrinas nuevas que se ponen en vigencia y las que solamente se quedan en los documentos.

A. DOCTRINAS

1. *La autoridad.* Los protestantes conservadores aceptan la Biblia como la única fuente de revelación y autoridad divinas. En contraste, la Iglesia Católica Romana asevera que la verdad revelada se encuentra tanto en las Escrituras como en las tradiciones no escritas, tales como las doctrinas referentes a los santos.

En la práctica, sin embargo, la Iglesia Católica Romana ejerce el magisterio (dignidad y autoridad del maestro) sobre las enseñanzas. Los concilios determinan la doctrina, aunque el Vaticano II niega que es superior: "Este magisterio no está por encima de la Palabra de Dios, sino la sirve." Es evidente que la tradición sagrada, las Escrituras y la autoridad magistral de la iglesia están tan estrechamente vinculadas y unidas que una no puede permanecer en pie sin las otras.[1] Para evitar la distinción entre la tradición y las Escrituras, el mismo concilio definió la tradición como "las sucesivas interpretaciones de las Escrituras, dadas a través de los siglos".[2]

El catecismo del Concilio Vaticano II, apoya la creencia católica de que la iglesia ha sido guiada a través de los siglos por el Espíritu Santo en desarrollar infaliblemente el cuerpo de la doctrina.

Con este sentido de fe que el Espíritu Santo mueve y sostiene, el pueblo de Dios, bajo la dirección del magisterio, al que sigue fielmente, recibe no ya la palabra de los hombres, sino la verdadera palabra de Dios.[3]

La Iglesia Católica Romana alega que había recibido de Cristo su autoridad magistral, señalando las palabras de la Gran Comisión: "Enseñándoles que guarden todas las cosas que os he mandado" (Mt. 28:20). También emplean la promesa del Señor de que el Espíritu Santo "os enseñará todas las cosas, y os recordará todo lo que yo os he dicho" (Jn. 14:26), para basar su práctica de desarrollar nueva doctrina y apropiarse de la cualidad de la infalibilidad.

Al examinar esmeradamente aquel dicho de Cristo, se nota que solamente se refiere a los discípulos de Jesús, pues el significado personal de las palabras "os recordará" las limita a ellos. Los Doce han escuchado las enseñanzas del Señor, ahora el Espíritu divino les ayudará a recordarlas y sólo ellos que han escuchado sus palabras pueden recordarlas.

También Jesús promete que serán guiados "a toda verdad" (Jn. 16:13), insinuando que el Espíritu les dará la correcta interpretación de las enseñanzas. Inspirados por el Espíritu divino, los apóstoles registran esta verdad en los libros del Nuevo Testamento. Ya está completa la revelación de Dios. Los únicos sucesores de los apóstoles son los evangelios y las epístolas; éstos nos enseñan "toda verdad"; sólo éstos son infalibles.

Los reformadores, Lutero, Calvino y Zuinglio, distinguen entre la tradición apostólica y la postapostólica: la anterior se refiere a los escritos del Nuevo Testamento (1 Ts. 2:13) y la postapostólica a la enseñanza humana. Esta debe ser recibida sólo cuando no contradice la anterior. Así que, para los evangélicos, sólo la Biblia es la suprema regla de doctrina y práctica; la tradición acrecentada a través de los siglos es falible y a menudo no está de acuerdo con las Escrituras.

2. *La iglesia.* Para comprender la Iglesia Católica Romana es necesario conocer su doctrina referente a la iglesia. Se la considera como el cuerpo de Cristo, como extensión de la encarnación de

Cristo. H. M. Carson observa: "Roma ha puesto tanto énfasis en la unidad entre la cabeza y los miembros que virtualmente los identifica."[4]

Aunque el Concilio Vaticano II define la iglesia como el "pueblo de Dios", el Papa Paulo VI en un discurso afirmó que esa es la continuación y extensión de Cristo.

> No hemos de pensar en la iglesia como dos sustancias sino como una sola y compleja realidad, compuesta de un elemento humano y uno divino . . . la naturaleza asumida por la Palabra Divina sirve como órgano viviente de salvación en unión con Él, la cual es indisoluble".[5]

Aunque el Concilio Vaticano II presenta la iglesia como "signo e instrumento por el cual Dios llama y mueve al mundo hacia su reino"[6], los teólogos católicos siguen identificándola y, en especial, a su sacerdocio, con Cristo mismo. Por ejemplo, V. Enrique Tarancón dice que los obispos y presbíteros *"participan directamente de su sacerdocio* . . . Cuando el sacerdote bautiza, ordena sacerdotes o consagra obispos, es Cristo el que bautiza, el que ordena, el que consagra".[7]

Como consecuencia, la iglesia "es incapaz de errar en la fe". Cristo todavía habla dentro de su iglesia con la misma infalibilidad que en los días de su ministerio terrenal, se ofrece en el altar en la misa tan realmente como lo hizo en la cruz y ejerce su autoridad real a través de la jerarquía de la iglesia. Así que Cristo, mediante la iglesia católica lleva a cabo los tres oficios mesiánicos: profeta, sacerdote y rey.[8]

Aunque el Concilio Vaticano II sigue definiendo la iglesia en forma tradicional: "Esta iglesia . . . tiene su existencia en la iglesia católica bajo el gobierno del sucesor de Pedro y de los obispos en comunión con él" (1:8), reconoce que la iglesia verdadera abarca más que a los católicos. Otras iglesias pueden ser comunidades cristianas válidas si comparten las mismas Escrituras, vida de gracia, fe, esperanza, dones del Espíritu y bautismo. Se consideran como "hermanos separados".

Los evangélicos señalan que, según el pensamiento neotestamentario, y especialmente la doctrina paulina, la iglesia católica tiende a exagerar la unidad que existe entre Cristo, la cabeza y la Iglesia, su cuerpo. Cristo permanece siempre como el jefe de su cuerpo pero no se le puede identificar tan estrechamente con la comunidad de creyentes; mora en ellos pero de ninguna manera es una encarnación que hace infalible la voz de la iglesia.

El equiparar la enseñanza de la jerarquía de la iglesia con el minsterio profético de Cristo priva a la iglesia del correctivo que Dios ha provisto contra el error, es decir, la Palabra de Dios en las Escrituras. La iglesia misma se convertiría en la norma de verdad. Si fuera así, "tal iglesia — dice el católico crítico, Hans Küng — se convierte a sí misma en revelación".[9]

3. *La salvación*. Según la doctrina católica hay tres medios que efectúan la salvación: sacramentos, fe y obras. Se comunica la vida de Cristo por los sacramentos (Catecismo del Concilio Vaticano II, 31). Los católicos creen que la justificación es un proceso que comienza al recibir gratuitamente el perdón de los pecados y luego sigue como una obra santificadora en el interior del creyente. Explica una nota en la Biblia Latinoamericana sobre Romanos 1:17:

> Dios destruye el mal y salva a sus fieles . . . La justicia de Dios consiste en transformar al hombre *haciéndolo justo*, es decir, amigo suyo. Dios nos hace justos, de alguna manera santos.

La teología católica enseña que las obras del fiel desempeñan un papel muy importante en la salvación. Cita con frecuencia las palabras de Santiago: "La fe si no tiene obras, es muerta en sí misma . . . ¿No fue justificado por las obras Abraham nuestro padre, cuando ofreció a su hijo Isaac . . . la fe se perfecciomó por las obras" (Stg. 2:17,21,22). No se da cuenta de que las obras son el fruto de la fe auténtica, una expresión externa de la fe interna, la cual sirve para justificar al creyente ante el mundo.

En contraste con la doctrina de Roma, los evangélicos señalan que la justificación consiste en el acto de Dios por el cual declara aceptos ante él a quienes creen en su Hijo. No es una mezcla de gracia y obras o un proceso por el cual Dios haga piadosos a los pecadores y luego los acepte. Es un acto instantáneo en que Dios perdona los pecados e imparte al creyente la justicia divina provista por la muerte de Cristo. No depende de méritos humanos sino de pura gracia recibida por la fe.

El apóstol Pablo asevera: "Concluímos, pues, que el hombre es justificado por fe sin las obras de la ley" (Ro. 3:28), e ilustra la doctrina citando del Antiguo Testamento: "Creyó Abraham a Dios, y le fue contado por justicia" (Ro. 4:3; véase también Ro. 3:21-26; 2 Co. 5:21; Ef. 2:8-10).

Es obvio que el concepto católico de la justificación se confunde con la noción bíblica de la santificación.

B. EL SISTEMA DE LOS SACRAMENTOS

El principio sacramental es una de las características más importantes de la Iglesia Católica Romana. El sistema llegó a su completo desarrollo en la Edad Media cuando se fijó la cantidad de sacramentos en siete: el bautismo, la confirmación, la eucaristía, la penitencia, la extremaunción, el matrimonio y el orden sacerdotal.

Se definen tradicionalmente como "signos sensibles y eficaces instituídos por Jesucristo para conferir la gracia divina", es decir, sirven como canales mediante los cuales fluyen los méritos de Cristo a las personas receptoras. Si éstas no se les oponen, los sacramentos surten efectos *ex opere operato* ("en virtud de la ejecución de la obra") a pesar de que al receptor le falten fe y devoción.

Hay dos categorías de sacramentos: los de *vivos* y los de *muertos*. Los sacramentos de muertos — el bautismo y la penitencia — se llaman así porque dan la vida sobrenatural al alma que carece de ella, que está muerta por el pecado, sea original o actual. Los sacramentos de vivos — la confirmación, la eucaristía (misa), la extrema unción, el orden sacerdotal y el matrimonio — toman este nombre porque aumentan la gracia al alma que ya goza de la vida sobrenatural. Si bien el bautismo puede ser administrado por laicos en situaciones extremas, sin embargo, la administración normal de este rito y de los otros debe ser por un sacerdote o un obispo.

En el pensamiento católico, los sacramentos tienen el siguiente significado respectivo.

1. *Bautismo.* Es el sacramento que borra el pecado original y los pecados actuales, y la justicia se restaura por medio de la infusión

de gracia. Nos hace cristianos, hijos de Dios, miembros de la iglesia y capaces de recibir los demás sacramentos. Toma tres formas.

a) El bautismo en agua.

b) El bautismo de sangre que recibe aquel que aunque no haya sido bautizado en agua sufre el martirio por amor de Cristo.

c) El bautismo de deseo. Es el que recibe la persona que no pudiendo recibir ni el bautismo en agua ni el de sangre, con todo es bautizada.

La teología moderna de Roma solucionaría el problema de los que son ignorantes de la fe pero son sinceros. Dice el Catecismo del Concilio Vaticano II, 93: "Los que inculpablemente desconocen el Evangelio de Cristo y su Iglesia, y buscan con sinceridad a Dios, y se esfuerzan bajo el influjo de gracia en cumplir con las obras de su voluntad, conocida por el dictamen de su conciencia, pueden conseguir la salvación eterna."

2. *Confirmación*. En este rito se profundiza la gracia santificante que el creyente había recibido en el bautismo en agua. Luisa Walker describe el sacramento.

En la confirmación, el obispo hace la señal de la cruz en la frente de la persona, la unge con aceite, le da una palmadita en la mejilla y le impone las manos. La unción es un símbolo del bautismo del Espíritu Santo, la palmada, que actualmente es opcional, simboliza la madurez cristiana.[10]

3. *Eucaristía o comunión*. La celebración de la misa es el punto focal del tradicional culto católico. Se considera como la repetición del sacrificio de Cristo en el Calvario pero en forma incruenta. Uno encuentra su significado en el dogma de la transubstanciación. Éste afirma que después de las palabras de consagración, la sustancia del pan y del vino se transforma real y efectivamente en el cuerpo y la sangre, el alma y la divinidad de Jesucristo. Se llama el "banquete pascual en el cual se come a Cristo".[11] El dogma fue promulgado en el cuarto Concilio de Letrán en 1215 y reafirmado en el Concilio Vaticano II.

4. *Penitencia*. Este sacramento se relaciona con el confesionario. Los pecados se clasifican como mortales, los que privan al alma de la gracia santificante y veniales, los que no son tan graves. Para el pecado venial basta la contrición, o sea, el dolor por el pecado a causa de motivos inferiores como el temor al castigo. Para el pecado mortal, es necesario el genuino dolor (contrición) por el pecado. "La culpa exige no sólo la absolución sino la reparación que debe ofrecerse a la justicia divina, de aquí la imposición de la penitencia y de aquí también la práctica de indulgencias, en las cuales el beneficio del presunto tesoro celestial de méritos puede aplicarse a cuenta del pecador.[12] Todos los pecados mortales tienen que ser confesados a un sacerdote, el cual actúa como un juez y absuelve al confesor.

Desde el Concilio Vaticano II, sin embargo, el papel que desempeña el sacerdote es el de sanador y el propósito de la penitencia es reconciliar a la persona con la iglesia más bien que restaurarle a Dios. Por medio de la contrición, se reconcilia a Dios, pero todavía es necesario buscar la absolución en el sacramento de penitencia pues su pecado perjudica la misión de la iglesia para ser un pueblo santo.

5. *Extremaunción o sacramento de los enfermos*. Se administra este rito para alivio espiritual y corporal de los enfermos que se hallan en peligro de muerte.

6. *Matrimonio*. Tiene el propósito de santificar la unión del hombre y de la mujer creyentes y darles gracia para cumplir con sus deberes de esposos y de padres. Aunque se considera que la unión es indisoluble, se permite anularla bajo ciertas condiciones.

7. *Órdenes sacerdotales*. El Concilio Vaticano II reconoció que todos los creyentes bautizados participan en alguna manera en el sacerdocio de Cristo, pero reafirmó que existe diferencia entre el sacerdocio conferido por bautismo y el conferido por ordenación. A los sacerdotes "se les da el poder de orden sagrado para ofrecer el sacrificio, perdonar el pecado y en el nombre de Cristo ejercer públicamente el oficio del sacerdote en la comunidad de los fieles".[13]

Los evangélicos practican ciertos ritos en sus cultos pero reconocen que sólo dos — el bautismo y la Santa Cena — son sacramentos, o sea, actos religiosos instituídos por el Señor a fin de santificar a los fieles. Su definición de ellos coincide con la de Agustín: "Una palabra visible o signo exterior y visible de una gracia interior y espiritual."

No se bautizan para lavar los pecados sino para testificar que ya son borrados por la sangre de Jesús, y el creyente en unión con Cristo ha muerto al pecado y ha sido resucitado espiritualmente junto con Él para andar en vida nueva (1 P. 3:21; Ro. 6:1-4). El bautismo en agua no es el nuevo nacimiento, el cual ocurre cuando uno recibe a Cristo creyendo en su nombre (Jn. 1:12,13). Tampoco es el acto en que el creyente está incorporado en el cuerpo espiritual del Señor sino en la comunión del pueblo de Dios. Es por el Espíritu y no por el agua que somos bautizados en el cuerpo de Cristo (1 Co. 12:13).

Por fe somos salvos y no por agua. Aunque el ladrón en la cruz no fue bautizado, tenía fe. Jesús le prometió: "De cierto te digo que hoy estarás conmigo en el paraíso" (Lc. 23:43).

En ninguna parte del Nuevo Testamento se hace referencia al ministro cristiano como sacerdote sacrificador (*hieríus*). A ése se le aplican los términos de "anciano", "pastor", "obispo", pero jamás el de sacerdote. Tampoco indica que el ministro cristiano ofrezca de nuevo el sacrificio de Cristo, pues éste "se presentó una vez para siempre por el sacrificio de sí mismo para quitar de en medio el pecado" (He. 9:26,28). "Con una sola ofrenda hizo perfectos para siempre a los santificados" (He. 10:14). En cuanto a la eucaristía o Santa Cena, el hecho de que el Señor dijo: "Haced esto en memoria de mí" (Lc. 22:19), indica que el pan y el vino son símbolos o emblemas respectivos de su cuerpo partido y de su sangre vertida por nosotros.

Ninguna parte del Nuevo Testamento nos enseña que debemos hacer penitencia. Lo que Dios desea de nosotros es el verdadero arrepentimiento, un sincero cambio de actitud hacia el pecado, el pesar de haberlo ofendido y la resolución de abandonar la maldad. "La idea de obtener el favor de Dios castigando el cuerpo físicamente se encuentra en muchas religiones paganas, pero no tiene lugar en el cristianismo porque Cristo ya sufrió el castigo por nuestros pecados."[14]

Isaías dice: "Mas él herido fue por nuestras rebeliones, molido por nuestros pecados; el castigo de nuestra paz fue sobre él" (53:5). Así que no es necesario que hagamos penitencia ni tampoco pasar tiempo en el purgatorio, pues Cristo pagó el precio total en el Calvario.

Felicitamos al Concilio Vaticano II por reconocer que Dios no exige la penitencia. Ojalá que todos los sacerdotes y monjes se den cuenta de que el sacrificio que agrada a Dios es la consagración entera a la voluntad divina: "Os ruego . . . que presentéis vuestros cuerpos en sacrificio vivo, santo, agradable a Dios" (Ro. 12:1). El privarse innecesariamente de las comodidades de la vida, el ascetismo y el castigo del cuerpo no nos lleva más cerca de Dios. El apóstol Pablo comenta que "tales cosas tienen a la verdad cierta reputación de sabiduría en culto voluntario, en humildad y en duro trato del cuerpo; pero no tienen valor alguno contra los apetitos de la carne" (Col. 2:23).

C. LA MARIOLOGÍA

La veneración de la virgen María es uno de los rasgos prominentes del culto católico romano y quizás la cosa más chocante del romanismo para los evangélicos. El término mariología se refiere a la totalidad de dogmas y creencias con respecto a la madre de Jesús.

¿Cómo es que una humilde doncella mencionada pocas veces en el Nuevo Testamento, llega a tener títulos divinos tales como Madre de Dios, Madre de creyentes, Santísima virgen, Coredentora y mediadora, Nuestra madre de perpetua ayuda, Reina del cielo y Dispensadora de todas las gracias? ¿Por qué millones de devotos religiosos oran continuamente a su persona? ¿Cómo se puede explicar que el líder actual más importante de la cristiandad, el papa Juan Pablo II, considerado por su denominación como el vicario de Cristo, tiene por lema: *Totus, Tuus Sum Maria* (latín para "María, soy totalmente tuyo")? Parece que para él, María es más querida e importante que el Señor mismo.

1. *El desarrollo de la mariología.* Aparte de ser presentada como la virgen madre de Jesús, María recibe poca atención de los escritores del Nuevo Testamento. Se encuentra varias veces en los evange-

lios, pero se menciona su nombre sólo una vez en el libro de Hechos y hay referencia indirecta a ella sólo una vez en las Epístolas: "Dios envió a su Hijo, nacido de mujer" (Gá. 4:4).

Jesús mismo, aunque siempre trató con respeto a su madre y en la cruz la confió al ciudado de Juan (Jn. 19:26,27), no le dio un lugar especial en la esfera espiritual. Cuando una mujer exclamó con respecto de María: "Bienaventurado el vientre que te trajo, y los senos que mamaste", el Señor contestó: "Antes bienaventurados los que oyen la palabra de Dios, y la guardan" (Lc. 11:27,28). En otra ocasión él afirmó: "Mi madre y mis hermanos son los que oyen la palabra de Dios, y la hacen" (Lc. 8:21).

María comenzó a cobrar importancia tres siglos después del período de Cristo, cuando el emperador Constantino puso fin a la persecución contra la iglesia y la apoyó. Millares de personas no convertidas espiritualmente se bautizaron y fueron recibidas como miembros. Su devoción religiosa se transfirió idolátricamente a María y a los santos. Existía por parte de algunos la tendencia de indentificar a la virgen con las diosas paganas y exaltarla a los cielos.

Los otros pasos destacados para exaltar a María a un status de una semidiosa son los siguientes:

a) El Concilio de Chalcedon en 451 d.C. le atribuyó oficialmente el título *theotokos* ("ella que lleva a Dios", o sea, *Madre de Dios*). El motivo de esta afirmación no era para exaltar a María sino para sostener la verdad de que el niño nacido de María era tanto hombre como Dios. Sin embargo, esto aumentó el sentimiento de que a causa de su maternidad divina, María superaba a todos los otros seres creados y estaba al lado de su Hijo, el cual está a la derecha del Padre.

b) En el segundo Concilio de Constantinopla (553 d.C.) la iglesia empleaba la frase *siempre virgen* con referencia a María. Aunque varios de los padres lo negaban y el tema fue debatido fuertemente en la última parte del siglo cuarto, la creencia en la virginidad perpetua de María finalmente ganó, gracias al desarrollo del ascetismo y el monasticismo en aquel entonces.

Los evangélicos no encuentran en el Nuevo Testamento ningún apoyo para el ascetismo como un estado superior. Jesús declara que el matrimonio fue instituído por Dios (Mt. 19:6) y Mateo insinúa que María tenía relaciones matrimoniales normales con José después del nacimiento de Jesús (Mt. 1:18,25). Tal vez la prueba más fuerte para este efecto son las repetidas referencias a los "hermanos" de Jesús, incluso pasajes donde los hermanos se mencionan por sus nombres (Mt. 13:55,56; Mr. 6:3).

c) Se desarrollaba paulatinamente la doctrina de la *inmaculada concepción* de María, o sea, que ella había sido concebida sin la mancha del pecado original. A este concepto se opusieron vigorosamente muchos teólogos católicos eminentes de la Edad Media, incluso Bernardo de Clairvaux, Tomás de Aquino y Pedro Lombardo. Se notó que la doctrina contradecía las verdades bíblicas de la universalidad del pecado y la necesidad de que toda la gente sea salva (Ro. 3:23,24). San Tomás razonaba que cuando María dijo que se regocijó "en Dios mi Salvador" (Lc. 1:47) admitió que había pecado o era pecaminosa, pues de otro modo no habría necesitado a un Salvador.

No obstante la intensa controversia a través de lo siglos, el Papa Pío IX la pronunció como dogma indiscutible en 1854.

d) En el quinto siglo después de Cristo, apareció la idea de la *ascensión* de María (su resurrección y ascensión al cielo). Se encontró en materiales apócrifos, los cuales contenían relatos absurdos y fantásticos y de muy mala teología. Sin embargo, no fue pronunciada como dogma hasta el año 1950. El Papa Pío IX declaró que María "por medio de un privilegio enteramente único, sobrevino completamente al pecado por su Inmaculada Concepción y, como resultado, ella no estaba sujeta a la ley de permanecer en la corrupción del sepulcro, y no tuvo que esperar hasta el fin del tiempo para la redención de su cuerpo".[15]

e) Los fieles comenzaron a dirigirse a María como *madre celestial* en el siglo XIII.

¿Cómo sabemos que ella es la madre de todos los creyentes? El Papa Pío X lo explica:

> ¿No es María la madre de Cristo? Ella es por lo tanto, nuestra Madre también... como el Dios-Hombre, Él adquirió un cuerpo hecho como el de otros hombres, pero como el Salvador de nuestra raza tenía cierto Cuer-

po espiritual y místico, el cual es la sociedad de aquellos que creen en Cristo . . .

A consecuencia, María, al llevar en su vientre al Salvador, puede decirse también haber llevado a todos aquellos cuya vida se contenía en la vida del Salvador.[16]

El texto de prueba bíblica que emplean los teólogos católicos se encuentra en Juan 19:26,27. Jesús en la cruz le dice a María referente al discípulo Juan: "Mujer, he ahí tu hijo", y luego a Juan: "He ahí tu madre." Los evangélicos interpretan las palabras de Cristo para indicar que Jesús, como hijo mayor y responsable por su madre, estaba haciendo provisiones para ella. Es obvio que se dirigió sólo a Juan y no a toda la iglesia a través de los siglos.

f) Desde los tiempos medievales, la iglesia católica ha considerado a María como *mediadora* y *dispensadora de todas las gracias*. La intercesión de ella ayuda inmensamente pero no es indispensable. Los teólogos católicos tienen cuidado de clarificar que todo lo que necesita el hombre, puede ser obtenido de Cristo.

La Biblia no enseña en ninguna parte el concepto de que hay otros mediadores además de Jesús. En efecto es una clara violación de 1 Timoteo 2:5: "Hay un solo Dios, y un solo mediador entre Dios y los hombres, Jesucristo hombre." El Señor mismo es accesible al creyente: "No tenemos un sumo sacerdote que no pueda compadecerse de nuestras debilidades, sino uno que fue tentado en todo según nuestra semejanza, pero sin pecado. Acerquémonos, pues, confiadamente al trono de gracia, para alcanzar misericordia y hallar gracia para el oportuno socorro" (He. 4:15,16).

Jesucristo, siendo a la vez Dios y hombre, y a causa de su santidad absoluta, es sumamente competente para servir como mediador entre el hombre y el Padre (He. 7:26). El orar a María insinúa que Jesús es deficiente como mediador. Además, es inútil, pues María no es ni omnipresente ni omnisciente para escuchar las oraciones simultáneas de centenares de miles de personas esparcidas en numerosas naciones. Es un ser humano y no Dios.

g) Los católicos han asignado a la virgen María un lugar intermedio entre los santos y Dios, como la principal entre los santos, la Reina del cielo, el *culto de hiperdulia*. Evitan usar el término "adorar" con respecto a su devoción hacia ella por el hecho de que desde el Segundo Concilio de Nicea, 787 d.C., la iglesia ha enseñado que hay tres grados de devoción cristiana. El primero es *latria*, o adoración para ser dirigida sólo a Dios. El segundo se llama *dulia*, o veneración que se puede dirigir a los santos. El tercero es *hiperdulia*, o hiperveneración, que se ofrece solamente a María.

En la práctica, se nota muy poca diferencia entre el culto prestado a Dios y el prestado a la virgen. Durante el Segundo Concilio Vaticano, el obispo de Cuernavaca, México, admitió: "La devoción a María y a los santos, especialmente en nuestros países (latinoamericanos), a veces oscurece la devoción a Cristo."[17]

El prestar culto a cualquier ser, salvo a Dios, es idolatría. En su tentación, Jesús citó la admonición mosaica de Deuteronomio 6:13: "Al Señor tu Dios adorarás, y a él solo servirás" (Mt. 4:10). Dice Dios: "Yo Jehová; éste es mi nombre; y a otro no daré mi gloria" (Is. 42:8). Lo más trágico de la mariología es que ésta atribuye a María muchas de las obras y funciones peculiares de Jesucristo. Se distraen de Cristo sus papeles en nuestra redención y sus honores divinos. Berkouwer observa: "La misma naturaleza de la encarnación era tal que una atribución de la obra de mediación en cualquier parte de María eclipsaría el total significado que el Verbo de veras se hizo hombre."[18] Alguien añade: "Podemos sugerir, entonces, que un propio entendimiento de Cristo resultaría en una pérdida de interés en María como objeto de fe y devoción."

Por otra parte, es de lamentar que los evangélicos reaccionen tan negativamente a los excesos católicos referente a María que por poco le pasan por alto. Aunque no es exaltada sobre todos los otros seres, es una de las personas más importantes que se encuentran en las Sagradas Escrituras y constituye un "modelo femenino de fe y obediencia". "Bendita tú entre las mujeres." A ella sólo le corresponde el sumo honor de ser la madre de nuestro Señor.

D. LAS APARICIONES DE LA VIRGEN MARÍA

Una gran fuerza que da ímpetu a la devoción a la virgen María es que ocurren a menudo supuestas apariciones de ella. Estas manifestaciones toman a veces la forma de visiones pero la mayoría incluyen el uso de los sentidos — el ver su figura, el oír su voz, el tocarla y aun el oler fragancias. En algunos casos son como los encuentros con fantasmas o como materializaciones de espíritus en el ocultismo.

La Iglesia Católica reconoce que siempre existe la posibilidad de que sean alucinaciones (una experiencia subjetiva, engañosa, la cual nada tiene que ver con la realidad objetiva). Insiste, sin embargo, en que hay apariciones genuinas que consisten de encuentros reales en que la realidad percibida es independiente del visionario.

Las apariciones de la virgen empezaron en el cuarto siglo y algunos teólogos católicos han especulado que ha habido hasta veinteún mil observaciones de María reclamadas por toda la historia.[19] Se calcula que sucedieron doscientas apariciones en los últimos sesenta años. Aunque estas cifras puedan ser excesivas, el Vaticano habla de un "aumento sorprendente" en años recientes de las reclamaciones en cuanto a apariciones presuntas, visiones y mensajes asociados con la "Santísima Virgen María".

Algunas de las apariciones más famosas son las de las vírgenes de Guadalupe, México (1531); de Lourdes, Francia (1858); y de Fátima, Portugal (1917). Algunas de las razones citadas a favor de las apariciones en Lourdes incluyen sanidades físicas, efectos espirituales buenos que resultaban de la devoción, la exactitud y la veracidad de los informes de Bernadette, la cual presenció las apariciones.

La iglesia católica es muy cautelosa en reconocer las reclamaciones e investiga bien cada caso antes de expresar una opinión. Un factor importantísimo en la evaluación de una aparición sobrenatural es el determinar si el mensaje dado en la revelación está de acuerdo con la doctrina oficial de la iglesia. Afirma que las apariciones genuinas nunca contradirían la fe y la moralidad católicas. Consideran que las apariciones no auténticas son manifestaciones del demonio con el fin de engañar a los seres humanos.

El apóstol Juan nos exhorta: "No crean a cualquier espíritu, sino prueben los espíritus para ver si son de Dios" (1 Jn. 4:11, NVI). Los católicos admiten que ciertas apariciones son del demonio, pues enseñan doctrina contraria a la del romanismo. Así reconocen que el mero hecho de que se aparezca la virgen no es necesariamente la prueba de que la aparición tenga autenticidad. Los evangélicos ponen en tela de juicio todas las apariciones de María, ya que promulgan conceptos que contradicen las enseñanzas de la Biblia. Observa el apóstol Pablo: "Si aun nosotros, o un ángel del cielo, os anunciare otro evangelio diferente del que os hemos anunciado, sea anatema" (Gá. 1:8). ¿Puede ser que las apariciones son manifestaciones del que se disfraza como ángel de luz?

E. EL PAPADO

1. *Las pretensiones de Roma.* La iglesia católica enseña que Pedro recibió de Jesús las llaves del reino de Dios, con lo que se convirtió en el vicario de Cristo, su representante en la tierra y jefe supremo del cristianismo. Afirma que Pedro fundó la iglesia en Roma y que, antes de morir, entregó a su sucesor en aquel lugar la autoridad de las llaves. Asevera también que desde entonces ha habido una sucesión divinamente ordenada de papas, los cuales han recibido y transmitido la autoridad que Cristo le había dado a Pedro.

2. *La base de sus pretensiones.* Los católicos basan su doctrina sobre las palabras de Jesús registradas en Mateo 16:18,19: "Y yo también te digo, que tú eres Pedro, y sobre esta roca edificaré mi iglesia; y las puertas del Hades no prevalecerán contra ella. Y a ti te daré las llaves del reino de los cielos; y todo lo que atares en la tierra será atado en los cielos; y todo lo que desatares en la tierra será desatado en los cielos."

Según la interpretación de los teólogos católicos, la roca sobre la cual Cristo edificaría su iglesia, se refería a Pedro el fundamento de la iglesia, las llaves a la potestad soberana de Cristo (Ap. 3:7), quien la comunicaba a Pedro. Con la figura de "atar" y "desatar" designaban los rabinos las soluciones doctrinales y decisiones legales. A Pedro, por lo tanto, se promete la autoridad de interpretar las Escrituras, de definir en conflictos doctrinales y de sentenciar en los jurídicos.

3. *La interpretación evangélica.* Los evangélicos ponen en tela de juicio la interpretación romana de ese pasaje bíblico. Algunos

creen que la roca sobre la cual Cristo edifica su iglesia se refiere al Señor mismo (1 Co. 3:11) y otros a la confesión de Pedro, o sea, la deidad de Jesús.

Es probable, sin embargo, que se refiera a Pedro mismo como representante de los otros apóstoles. Pedro no fue la única piedra fundamental, pues Jesús dirigió su pregunta a todos los discípulos y todos compartían la misma convicción. Pedro fue meramente el vocero de los Doce. Por lo tanto, Cristo edificaría su iglesia sobre los apóstoles, como enseñan otros versículos (Ef. 2:20; Ap. 21:9,14). Además el Señor enseñó claramente que la autoridad de las llaves no era sólo para Pedro, puesto que se la dio a todos los discípulos cuando habló a los Doce (Mt. 18:18).

Tampoco es claro el significado de las llaves. La expresión sugiere la autoridad de abrir puertas y cerrarlas. El llavero de una ciudad o palacio determinaba si algún hombre podía entrar o no (Ap. 9:1,2; 20:1-3). Pero es contra el sentido del Nuevo Testamento enseñar que Pedro tenía autoridad para admitir ciertas almas en el cielo y excluir a otras. Tal atribución corresponde sólo a Cristo (Ap. 1:18).

En una ocasión Jesús acusó a los intérpretes de la ley: "Habéis quitado la llave de la ciencia; vosotros mismos no entrasteis, y a los que entraban se lo impedisteis" (Lc. 11:52). Aquí la llave de la ciencia quiere decir las condiciones para entrar en el reino.

Así que las llaves del reino parecen referirse al mensaje del evangelio, ya que éste abre las puertas del cielo a todos los que creen. Pedro tuvo el privilegio de abrir la puerta de salvación a judíos y gentiles, lo cual se cumplió cuando predicó a los judíos en el día de pentecostés y cuando visitó la casa de Cornelio.

Pedro mismo nunca reclamó para sí ningún título o puesto especial, más bien recordó a otros pastores que Cristo es el "Príncipe de los pastores" (1 P. 5:4). Aunque Pedro está a la cabeza de toda lista de los apóstoles, la idea de que era supremo entre ellos es desmentida en el hecho de que poco después contendían con respecto a quién era mayor entre ellos (Mt. 18:1; Lc. 22:24).

Además, Pedro fue mandado por los demás apóstoles en Hechos 8:14 y fue resistido y retado por Pablo en Gálatas 2:11-16. Se reconocía que Pedro era *una* columna de la iglesia pero nunca su *única* columna (Gá. 2:8-10). Pablo no se consideraba inferior a él (2 Co. 11:5). El concilio fue presidido por Jacob, y no por Pedro (Hch. 15:13-19).

Para comprobar la doctrina católica de la sucesión apostólica, sería necesario demostrar que el supuesto poder conferido a Pedro era transmitible, y que él en efecto lo transmitió.

4. *Cómo se originó el papado.* Si no había ningún apóstol el cual gobernara a los demás, ¿cómo es que el obispo de Roma llegó a ser el papa o autoridad suprema de la iglesia católica?

Antes del fin del segundo siglo, la iglesia de Roma ocupaba un lugar de importancia en la cristiandad de aquel entonces, ya que se encontraba en la capital del Imperio Romano. También gozaba de tener obispos fuertes y ortodoxos, los cuales eran baluartes contra las herejías. Es natural también que los obispos de ciudades grandes reclamasen más autoridad que los de las ciudades y pueblos más pequeños.

Sin embargo, las iglesias de otras partes del imperio no aceptaron al principio la supremacía de los obispos de Roma, aunque sí reconocieron que el obispo de la capital imperial era primero entre iguales. El historiador eclesiástico, Latourette, observa que el famoso obispo de Cartago, Cipriano (200-258 d.C.), "miraba a Roma como la principal iglesia, en dignidad, consideraba que todo obispo poseía poderes del grupo y a lo más estimaba al obispo de Roma sólo como uno entre sus iguales".[20]

A raíz de las persecuciones y conflictos doctrinales de los siglos II y III, fue creciendo la importancia de Roma. Calixto I (217-222) fue el primer obispo de Roma que reclamaba autoridad sobre toda la iglesia, pero Esteban I (254-257) fue el primero en fundar este reclamo sobre las Escrituras. El papel decisivo de León I, en el Concilio de Calcedonia (451 d.C.), contribuyó a afirmar la autoridad doctrinal del obispo de Roma, pero todavía no era aceptada universalmente.[21]

Quedó al Papa Gregorio I (590-604), establecer firmemente el papado de los obispos de Roma. En el 741, se formuló la doctrina de la infalibilidad del papa en sus pronunciamientos oficiales como cabeza de la iglesia, aunque se demoró hasta el año 1870 su aceptación como dogma.

El Concilio Vaticano II, sin embargo, afirma que la suprema y plena potestad sobre la iglesia universal "reside en el orden sagrado de los obispos". Dice el catecismo: "Los obispos, sucesores de los apóstoles, los cuales junto con el sucesor de Pedro, Vicario de Cristo y Cabeza visible de toda la Iglesia, rigen la casa de Dios" (105). No obstante, esta autoridad no puede ejercerse sin el conocimiento del Pontífice romano.

A pesar de este pronunciamiento sobre la autoridad del cuerpo episcopal romano, los papas Pablo VI y Juan Pablo II siguen ejerciendo la antigua autoridad otorgada en el Concilio Vaticano I y fortaleciendo el centralismo papal, como lo atestiguan sus pronunciamientos en Puebla, México, Africa y el Sínodo de Holanda.[22]

F. LA ACTITUD DE LOS EVANGELICOS REFERENTE AL CATOLICISMO

Aunque los evangélicos aplaudan el nuevo espíritu de la Iglesia Católica Romana, producido por el Concilio Vaticano II, siguen considerando América Latina como campo misionero. El énfasis católico en el uso de la Biblia y el vernacular en la misa, el quitar las imágenes de muchos templos, el considerar a los protestantes como "hermanos separados" en vez de herejes y el movimiento carismático entre ellos son pasos muy positivos. Para ciertos pentecostales, el hecho de que muchos católicos han recibido el bautismo del Espíritu Santo en la misma forma que los apóstoles en el día de Pentecostés, es prueba que son creyentes verdaderos. Lamentan, sin embargo, que los católicos sigan rindiendo culto a los santos y, en especial, a la virgen María.

A los evangélicos les cuesta olvidar la persecución católica del pasado y tienden a justificar la antigua polémica implacable contra dicha iglesia, pero poco a poco disminuye la hostilidad. Pablo Deiros comenta:

> Ya pasó la hora de la controversia anticatólica y de las actitudes defensivas de una minoría acomplejada. En las palabras de una de las conferencias latinoamericanas: "No estamos en América Latina para combatir al catolicismo romano, sino para dar testimonio de Jesucristo."[23]

Es evidente que Deiros habla con optimismo un poco irreal, pero su actitud es buena. No se gana nada con la controversia y crítica, por el contrario, se pierde mucho. Es especialmente trágico que los evangélicos latinoamericanos no hayan entablado relación con los carismáticos católicos, el grupo más abierto a la Palabra de Dios y casi evangélico en muchos aspectos.

Nos conviene perdonar y olvidarnos de la persecución católica de ayer, dar gracias a Dios por el hecho de que la iglesia de Roma ha sido un baluarte contra muchas de las doctrinas heréticas de las sectas falsas, dejar de atacar a los católicos y tener más amor por sus almas.

EJERCICIOS

A. *Llene los espacios o conteste brevemente.*

1. Los evangélicos latinos deben mucho a la Iglesia Católica Romana, pues ésta ha _____.

2. Los católicos dicen que las dos fuentes de doctrina son _____ y _____.

3. Según ellos, el magisterio sobre las enseñanzas es ejercido por _____.

4. Creen que la iglesia y, en especial, el sacerdocio es casi lo mismo como _____. Por lo tanto, la enseñanza de la iglesia es _____.

5. ¿Cuáles son los tres medios de salvación en la iglesia católica?

6. Los teólogos católicos confunden la doctrina de justificación con la de _____.

7. ¿De dónde sacaron los católicos la doctrina de la ascensión de María?

8. Según los católicos, ¿cuál es la prueba de la autenticidad de una aparición de María?

B. *Verdadero o Falso.*

____ 1. Muchas de las doctrinas cardenales de los católicos son iguales que las de los evangélicos.

___ 2. Según los evangélicos, la promesa de Jesús, que el Espíritu "os guiará a toda verdad" se refiere exclusivamente a los apóstoles.

___ 3. Según el Vaticano II, no es necesaria la penitencia para reconciliar al arrepentido con Dios.

___ 4. El título Madre de Dios (ella que lleva a Dios), no le fue dado a María para exaltarla sino para defender la deidad de su Hijo.

___ 5. Los teólogos romanos señalan que la intercesión de María no es indispensable.

___ 6. La *hiperdulia* se refiere al culto exclusivamente para Dios.

___ 7 Los católicos admiten que algunas supuestas apariciones de María son obra del maligno.

___ 8. Es probable que la roca sobre la cual Jesús edificaría su iglesia, se refiere a Pedro como representante de los discípulos.

___ 9 El atar y desatar se refería a atar a los demonios empleando la autoridad de Cristo.

___10. Las doctrinas extrabíblicas católicas tales como el papado y la ascensión de María no aparecieron hasta seis siglos después de Cristo.

CITAS

1. El segundo concilio Vaticano, citado en "Roman Catholicism" en *Evangelical dictionary of theology*, Walter A. Elwell, ed. (Grand Rapids, Mi.. Baker Book House, 1984), pág. 958.

2. *Ibid.*

3. P Miguel Jordá Sureda, *Catecismo del Concilio Vaticano II* (Santiago, Chile: no menciona la casa de publicaciones, 1980), pág. 40.

4. "Catolicismo romano" en *Diccionario de historia de la iglesia*, Wilton M. Nelson, ed. (Miami: Editorial Caribe, 1989), pág. 224.

5. *Ibid.*

6. *Evangelical dictionary of theology, op. cit.*, pág. 956.

7 Vicente Enrique Tarancón, *El sacerdocio a la luz del Concilio Vaticano II*, segunda edición (Salamanca: Ediciones Sígueme, 1967), págs. 40, 41.

8. *Diccionario de historia de la iglesia, op. cit.*, pág. 225.
9. *Ibid.*
10. Luisa Walker, *¿Cuál Camino?* (Deerfield: Editorial Vida, 1968), pág. 61.
11. *Catecismo del Concilio Vaticano II, op. cit.*, pág. 603.
12. *Diccionario de historia de la iglesia, op. cit.*, pág. 225.
13. *Ibid.*
14. Walker, *op. cit.*, pág. 62.
15. Citado en Eamon R. Carroll, "Mary in the documents of the Magisterium" en *Mariology*, tomo I, ed. Junipaen B. Carol (Milwaukee: Bruce Publishing House, 1955), pág. 5.
16. Pape Pius X, *Mary Mediatrix*, carta encíclica *Ad Diem Illum*, traducida y anunciada por Dominic J. Unger (Paterson, N.J.: St Anthony Guild Press, 1948), pág. 7.
17. Citado por Xavier Range, *Vatican Council II* (Nueva York: Strauss y Giroux, 1968), pág. 161.
18. G. C. Berkouwer, *The Second Vatican Council and the new Catholicism* (Grand Rapids, Michigan: Wm. B. Eerdmans Publishing Co., 1965), pág. 224.
19. Catherine M. Odell, *Those who saw her: the apparitions of Mary* (Huntington, ID: Our Sunday Visitor Publishing Divison, 1986), pág. 30.
20. Kenneth Scott Latourette, *Historia del cristianismo*, tomo I (El Paso: Casa Bautista de Publicaciones, 1958), pág. 178.
21. José Miguez Bonino, "Papado" en *Diccionario de historia de la iglesia, op. cit.*, pág. 822.
22. *Ibid.*
23. Pablo Deiros, *Historia del cristianismo en América Latina* (Miami: Logoi, Inc., 1986), pág. 226.

APÉNDICE

PASOS PARA GANAR A LOS ADEPTOS DE LOS OTROS EVANGELIOS

Este libro no fue escrito con el propósito primordial de armar al lector con argumentos para discutir acaloradamente con los adherentes de las sectas falsas. Por regla general, se logra poco con este procedimiento. Podemos aprender mucho sobre la evangelización de otros estudiando el método de los mormones y testigos de Jehová.

SUGERIMOS LOS SIGUIENTES PASOS

1. *Tratarlos con respeto dándose cuenta de que son sinceros y muy dedicados a lo que consideran la pura verdad.* El amor cristiano puede hacer mucho para desarmar a los que esperan ser rechazados y perseguidos. El primer paso para ganar a otros para Cristo es hacerse amigo de la persona. No conviene señalar las debilidades de los fundadores de las sectas ni poner en ridículo sus doctrinas.

2. *Al conversar con ellos, no conviene contradecir llanamente sus doctrinas falsas* sino ponerlas en tela de juicio con preguntas, y así sembrar dudas en su mente referente a la veracidad de sus nociones. Por ejemplo, se puede preguntar al mormón referente a la doctrina del bautismo por los muertos: ¿Menciona la Biblia algunos casos en que creyentes se bautizaron por sus parientes fallecidos? ¿Cómo puede usted estar seguro que el apóstol Pablo

quisiera enseñar la interpretación mormona y no otra cosa?

3. *Escucharlos a ellos con respeto.* El debate religioso a menudo es una discusión entre sordos. Esto será contraproducente aunque los argumentos evangélicos prevalecen. Sería como cierta intervención médica: la operación fue un éxito pero murió el paciente.

4. *Dar testimonio acerca de lo que el Señor ha hecho en su vida.* Se dice que el hombre con una experiencia nunca será derrotado por aquel que tiene un argumento.

5. *Depender del Espíritu Santo.* Debemos recordar que el adepto de una religión está enceguecido por el dios de este mundo. Es la obra del Espíritu Santo convencerlo de sus errores e iluminar su mente a la verdad.

Nos agradaría recibir noticias suyas.
Por favor, envíe sus comentarios sobre este libro
a la dirección que aparece a continuación.
Muchas gracias.

Editorial Vida
7500 NW 25 Street, Suite 239
Miami, Florida 33122

Vidapub.sales@zondervan.com
http://www.editorialvida.com